本书系全国教育科学规划教育部青年课题"高校外语教师胜任力实证研究"(EIA190502)成

"一带一路"倡议下高校外语教师胜任力实证研究

夏晓东 著

东北大学出版社

·沈 阳·

图书在版编目（CIP）数据

"一带一路"倡议下高校外语教师胜任力实证研究 /
夏晓东著. — 沈阳：东北大学出版社，2023.12
　　ISBN 978-7-5517-3434-9

　　Ⅰ. ①一… Ⅱ. ①夏… Ⅲ. ①高等学校—外语教学—
师资培养—研究 Ⅳ. ①H09

中国国家版本馆 CIP 数据核字（2024）第 005848 号

出 版 者：东北大学出版社
　　　　　地址：沈阳市和平区文化路三号巷 11 号
　　　　　邮编：110819
　　　　　电话：024-83683655（总编室）　 83687331（营销部）
　　　　　传真：024-83687332（总编室）　 83680180（营销部）
　　　　　网址：http: // www. neupress. com
　　　　　E-mail: neuph@neupress. com
印 刷 者：辽宁一诺广告印务有限公司
发 行 者：东北大学出版社
幅面尺寸：170 mm×240 mm
印　　张：7
字　　数：122千字
出版时间：2023年12月第1版
印刷时间：2024年1月第1次印刷
策划编辑：杨世剑
责任编辑：王　旭
责任校对：周　朦
封面设计：潘正一

ISBN 978-7-5517-3434-9　　　　　　　　　　　定　价：42. 00元

前　言

　　自"一带一路"倡议提出以来，受到了"一带一路"共建国家的积极支持和热烈响应，为中国及共建国家的繁荣发展作出了巨大贡献。目前，共建"一带一路"进入高质量发展阶段，成为促进国际合作与和平发展的重要平台。中国与"一带一路"共建国家在基础设施建设、经济贸易、医疗卫生、教育、文化交流等领域展开了深层次合作，共建国家的人民也正在共享"一带一路"建设的丰硕成果。

　　共建"一带一路"高质量发展急需具备全球胜任力的国际化复合型卓越人才。高校外语教学是培养具备全球胜任力的国际化复合型卓越人才的重要环节；具备"一带一路"倡议下人才培养的多维度胜任力的高校外语教师，是培养具备全球胜任力的国际化复合型卓越人才的重要前提条件。本研究以"一带一路"倡议为背景，从高校外语教师胜任力的角度，调研共建"一带一路"高质量发展对人才的新需求，构建"一带一路"倡议下高校外语教师胜任力模型，并对"一带一路"倡议下高校外语教师胜任力模型进行实证检验。在共建"一带一路"高质量发展阶段，本书对高校外语教师胜任力的研究具有一定的学术价值和实践意义。

　　本书内容分为5章。第1章介绍了本书的研究背景、研究内容、研究创新性、研究价值和研究方法。第2章介绍了胜任力模型的研究概况，探索了共建"一带一路"高质量发展对人才的新需求，总结了"一带一路"倡议下高校外语教师胜任力特征元素，构建了"一带一路"倡议下高校外语教师胜任力模型。第3章编制了胜任力调查问卷——《国际合作视域下高校外语教师素质能力调查》，并使用SPSS Statistics 26软件对调查问卷进行信效度分析，对"一带一路"倡议下高校外语教师胜任力模型的二级指标和三级指标进行了实证检验，总结了"一带一路"倡议下高校外语教师胜任力模型的运用范围。第4章调研了"一带一路"倡议下高校外语教师胜任力现状及存在的问题，并从高校管理部门、外语学院、外语教研室、外语教师四个方面探索出提升"一带一路"倡议下高校外语教师胜任力的有效对策。第5章介绍了研究结论和研究展望。

本书中介绍的胜任力模型研究概况，能为高校外语教师胜任力模型研究提供理论基础；本书探索出的共建"一带一路"高质量发展对人才的新需求，能为高校外语教学内容的设置提供参考；本书构建的"一带一路"倡议下高校外语教师胜任力模型，可被广泛地应用到高校外语教师招聘、培训、考核等环节，为高校外语教师胜任力的提升提供参考标准；本书提出的高校外语教师胜任力提升对策，能够有效地提升高校外语教师综合胜任力，有利于培养共建"一带一路"高质量发展急需的具备全球胜任力的国际化复合型卓越人才。

本书由沈阳理工大学夏晓东撰著，系全国教育科学规划教育部青年课题"'一带一路'倡议下高校外语教师胜任力实证研究"（EIA190502）成果。

由于著者水平及撰著时间所限，本书中难免存在疏漏和不足之处，恳请广大读者给予建议和指正。

著　者
2023年8月

目　录

第1章 绪 论

◆◆ 1.1 研究背景

"一带一路"（the Belt and Road，B&R）是"丝绸之路经济带"和"21世纪海上丝绸之路"的简称。自2013年"一带一路"倡议提出以来，中国与"一带一路"共建国家共同积极推进，构建人类命运共同体。中国很多省（自治区、直辖市）已积极参与"一带一路"倡议的实施过程，很多国家也积极加入"一带一路"建设。"一带一路"倡议促进了共建国家经济、教育、卫生等方面的良好发展，"一带一路"建设项目改善了共建国家的民生福祉，推动了世界经济的共同繁荣，促进了共建国家的互鉴互信。在"一带一路"倡议实施过程中，中国努力向世界提供中国智慧和中国方案。

古代丝绸之路促进了东西方在商品贸易、文化文明等方面的交流。"一带一路"倡议以古代丝绸之路为历史背景，以共商共建共享为原则，是国际上一个重要的合作平台。截至2022年1月18日，"我国已与147个国家、32个国际组织签署200多份共建'一带一路'合作文件"[1]。"共建'一带一路'倡议以政策沟通、设施联通、贸易畅通、资金融通和民心相通为主要内容扎实推进，取得明显成效。"[2]

政策沟通是"一带一路"倡议高质量发展的基础。中国与"一带一路"共建国家签署了多领域的合作计划文件。例如，2022年11月28日，"海关总署署长俞建华与蒙古国财政部部长在习近平主席和蒙古国总统呼日勒苏赫的共同见证下签署了《中华人民共和国海关总署和蒙古国海关总局关于国际贸易'单一窗口'合作的框架协议》"[3]。2022年12月1日，"中国政府与阿尔及利亚政府签署了《中华人民共和国政府与阿尔及利亚民主人民共和国政府关于重点领域三年（2022—2024）合作计划》"[4]。2023年2月7日，中国和塞浦路斯签署了《中华人民共和国国家卫生健康委员会和塞浦路斯共和国卫生部关于卫生和医学科学合作二○二三至二○二七年度合作计划》[5]。

　　"一带一路"倡议中设施联通的建设内容促进了共建国家的经济繁荣发展，改善了共建国家的人民生活质量。设施联通也是贸易畅通的前提条件。自"一带一路"倡议实施以来，一系列惠民生的基础设施项目在"一带一路"共建国家落地生根。很多"一带一路"倡议的标志性项目为当地民众创造了众多的就业岗位，提高了当地民众的生活水平。例如，非洲的亚吉铁路、中国和老挝共建的中老铁路、中马友谊大桥（如图1.1）、巴基斯坦的卡洛特水电站等都已建成运营，获得了当地民众的赞成和支持。

图1.1　2019年9月1日拍摄的马尔代夫中马友谊大桥[6]

　　在贸易畅通方面，中国与"一带一路"共建国家开展了多领域的贸易往来活动。"2013年到2022年，我国与'一带一路'沿线国家货物贸易额从1.04万亿美元扩大到2.07万亿美元，年均增长8%。"[7] 在"一带一路"倡议下，中欧班列货运列车驰骋在亚欧大陆（如图1.2），运输货物种类丰富，促进了许多中国城市和欧洲城市的贸易往来。随着共建"一带一路"高质量发展，中欧班列开行数量逐年大幅度增加（如图1.3）。

图1.2 满载日用百货的X8151次中欧班列从西安国际港站驶出,

开往白俄罗斯首都明斯克[8]

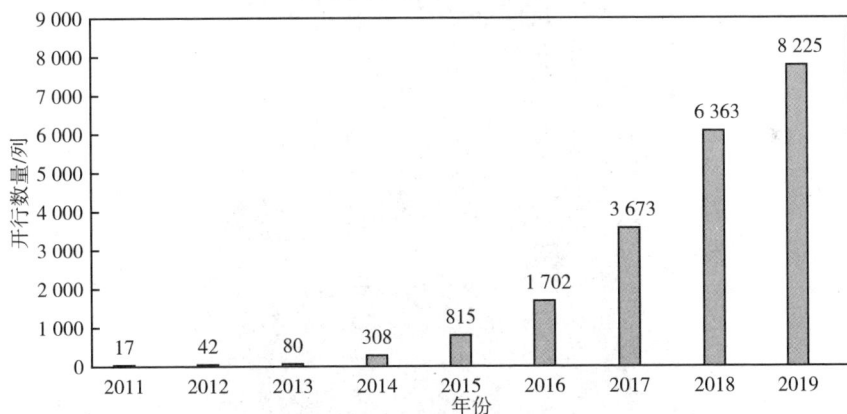

图1.3 2011—2019年中欧班列开行数量[9] 123

"一带一路"倡议提出以来,资金融通快速推进,具体体现在三个方面:第一,国家间战略合作不断增强;第二,成立多个多边国际金融机构;第三,金融机构层面的国际合作加速发展。在资金融通方面,中国与"一带一路"共建国家开展了多领域的合作,助力"一带一路"倡议的设施联通、贸易畅通等内容的建设,推动了"一带一路"共建国家的经济繁荣发展。"亚投行已拥有106个成员,覆盖全球81%的人口和65%的GDP。"[10]亚投行始终秉持多边合作思想,在不同的领域,积极与"一带一路"共建国家进行合作。

在民心相通方面，中国与"一带一路"共建国家开展了多领域的深层次合作。中国的高校和共建国家的高校开展了多方位的合作。越来越多的"一带一路"共建国家的学生选择到中国留学，同时有很多中国学生选择到"一带一路"共建国家的高校进行学习和接受培训。中国的许多培训机构通过线上线下融合培训、建立海外培训班等方式，为"一带一路"共建国家培养了很多高级技术人员，提高了共建国家和地区技术人员的素质和技能，推动了当地社会的繁荣发展。鲁班工坊合作办学人才培养项目已经在多个国家创办（如图1.4），为"一带一路"共建国家培养了大批优秀人才。

图1.4 你听说过鲁班工坊吗? [11]

中国与"一带一路"共建国家开展了丰富多彩的文化交流活动。很多中国的医疗专家专门去"一带一路"共建国家，为当地居民提供医疗救治服务。在新型冠状病毒感染疫情大流行期间，很多中国医生到"一带一路"共建国家指导抗疫，为当地医生提供抗击疫情的中国方案。中国很多企业为"一带一路"共建国家输送了防疫物资。

高标准、惠民生、可持续是高质量共建"一带一路"的目标。"一带一路"倡议提出以来，中国与"一带一路"共建国家在基础设施建设、经济贸易、医疗卫生、教育等领域展开了惠民生的深层次合作，使中国及"一带一路"共建国家的人民共享到"一带一路"建设的高水平成果，有力地改善了中国及"一带一路"共建国家人民的生活水平。

目前，共建"一带一路"进入新的繁荣发展阶段，国际合作也呈现出高质量、高层次、多领域、惠民生等特点。随着外部环境的不断变化，加之各个国家国情不同，共建"一带一路"在高水平高质量发展的同时，也面临着许多挑战和困难。在机遇与挑战并存的新时期，共建"一带一路"高质量发展离不开卓越人才的支撑。具备全球胜任力的国际化复合型卓越人才能助力共建"一带一路"高质量发展。《中国教育现代化2035》中指出："到2035年，总体实现教育现代化，迈入教育强国行列，推动我国成为学习大国、人力资源强国和人才强国。"[12]《推进共建"一带一路"教育行动》中指出："提供人才支撑。培养大批共建'一带一路'急需人才，支持沿线各国实现政策互通、设施联通、贸易畅通、资金融通。"[13]

在共建"一带一路"高质量发展的形势下，国际贸易、基础设施建设等各领域对人才的需求有了新的变化，呈现出新的特点。其中，具备全球胜任力的国际化复合型卓越人才是急需人才。具备全球胜任力的国际化复合型卓越人才需懂得国际规则和标准、具备多语种沟通能力、能够参与国际事务、精通专业、具备家国情怀和国际视野。高校的主要职能是培养人才、服务社会发展，它是培养具备全球胜任力的国际化复合型卓越人才的主要阵地。各高校应积极融入"一带一路"建设，肩负起服务社会的职能，加快培养适应共建"一带一路"高质量发展的复合型卓越人才。

中国的很多高校通过多种措施助力对接"一带一路"建设。例如，很多中国高校设立了与"一带一路"相关的研究院，努力建设服务于共建"一带一路"高质量发展的研究智库，为共建"一带一路"高质量发展提供方案和策略。又如，很多高校开设了与"一带一路"相关的课程，如"一带一路"

共建国家文化和语言课程。中国语言类高校还新增了"一带一路"共建国家非通用语种课程，旨在培养共建"一带一路"所需的多语种复合型高端人才。

中国很多高校定期举办了与"一带一路"相关的不同领域的高端论坛和学术会议。

中国很多高校通过改革创新人才培养模式，培养共建"一带一路"所需的具备全球胜任力的国际化复合型卓越人才。例如，北京大学"一带一路"书院面向全球选拔具有优秀学业表现、国际视野、敢当精神和领导潜质的中青年人才，培养综合素质突出、领导能力卓越、具备人类命运共同体的使命感，并能够引领人类未来政治、经济、商业发展的各界领袖。

中国很多高校与"一带一路"共建国家的高校开展了深入的合作和交流，如学历学位互认、相互选派留学生、选派汉语教师、共同实施科研项目等。

在"一带一路"倡议下，中国很多高校不仅改革了创新人才培养模式，而且加大了对教师的培养力度，通过多种措施着力培养满足"一带一路"倡议下人才培养需求的高校教师。部分中国高校在"一带一路"相关课题项目申报和科研经费使用等方面，会给予教师一定的支持。

优秀的外语沟通交流能力是促进"一带一路"共建国家良好合作的重要因素。"一带一路"共建国家语种众多，不仅包括通用语种，而且包括非通用语种。多语种沟通能力是具备全球胜任力的国际化复合型卓越人才所必备的能力。在"一带一路"倡议下，各高校应加强对学生外语能力的全方位培养，因为高校外语教学是培养具备全球胜任力的国际化复合型卓越人才的主要环节。高校外语教学不仅要为学生讲授外语语言知识点，而且应注重对学生国际化视野、外语应用能力、跨文化理解能力的培养，让学生深入理解"一带一路"共建国家的历史、地理、文学、习俗、法律等内容。

共建"一带一路"的高质量发展为高校外语教学发展提供了广阔的空间和有利的外部条件，而高校外语教学也能为共建"一带一路"的高质量发展培养具备全球胜任力的国际化复合型卓越人才。随着共建"一带一路"的深入推进，高校外语教学的模式、内容及课程设置应及时更新，以满足人才培养需求。

在"一带一路"倡议下，高校外语教师承担着创新教学模式、更新教学内容、优化课程设置、培养卓越人才、传播中华优秀传统文化、推进"一带一路"建设的重任。

高校应加强外语教师队伍建设，注重外语教师的胜任力培养。具备适应"一带一路"倡议下多维度胜任力的高校外语教师，是培养具备全球胜任力的国际化复合型卓越人才的重要前提条件，他们能助力高校更好地对接"一带一路"建设。

构建"一带一路"倡议下高校外语教师胜任力模型，能够有力地加强多维度胜任力的高校外语教师队伍建设。高校管理部门、外语学院、外语教研室和外语教师应注重构建"一带一路"倡议下高校外语教师胜任力模型，不断提升外语教师的胜任力。高校管理部门和外语学院在招聘、录用、培养外语教师时，以及外语教师在自我发展过程中，均应以"一带一路"倡议下高校外语教师胜任力模型为依据。需要指出的是，"一带一路"倡议下高校外语教师胜任力模型不是固定不变的，它是一个动态模型。因此，随着共建"一带一路"的高质量发展，以及用人单位对人才需求的变化，"一带一路"倡议下高校外语教师胜任力模型中的胜任力元素也在不断变化。

冰山模型和洋葱模型是胜任力研究的两个经典模型。很多学者在研究某领域的胜任力模型时，是以这两个胜任力模型为基础的。胜任力冰山模型指出，优秀工作者的胜任力由外在和内在两部分组成。胜任力洋葱模型指出了胜任力要素之间的内在关系。这两个经典胜任力模型是本研究的理论基础。中国已有很多学者对教师胜任力模型和胜任力元素进行了相关研究。

在"一带一路"倡议下，高校外语教师不仅肩负着传授外语知识的任务，而且应该肩负起"一带一路"建设者的责任，具备国际视野，通晓国际规则，传播中国文化。在共建"一带一路"高质量发展阶段，对"一带一路"倡议下人才需求的新特点和高校外语教师胜任力的探索具有高度的研究价值和实践意义。

◆ 1.2 研究内容

本研究以高校外语教师为研究对象，基于胜任力研究视角，查阅胜任力相关文献和书刊，了解胜任力的定义，以及胜任力模型、教师胜任力模型、经典胜任力模型等。其中，经典胜任力模型是本研究的理论基础。

通过查阅相关文献和书刊，向有关专家咨询，了解胜任力的研究方法。

通过对"一带一路"共建国家和地区的高校外语教师进行调查等方式，了解新时代高校外语教师应具备的胜任力要素，初步总结出高校外语教师胜任力的相关一级指标和二级指标。

通过对"一带一路"共建国家和地区的相关用人单位和"一带一路"相关网站进行调查访问，以及阅读最新的"一带一路"相关文献等方式，了解"一带一路"建设的最新进展、相关政策，以及对人才需求的新特点。

根据本研究前期的调查和研究结果，归纳出"一带一路"倡议下高校外语教师胜任力元素，进而构建出"一带一路"倡议下高校外语教师胜任力模型。此模型需要在实践中进行验证。根据"一带一路"倡议下高校外语教师胜任力模型编制调查问卷，选取、测评高校外语教师，利用SPSS Statistics 26软件对调查数据进行分析处理，验证"一带一路"倡议下高校外语教师胜任力模型的有效性。同时，分析"一带一路"倡议下高校外语教师胜任力模型的应用领域。

通过对"一带一路"共建国家和地区高校外语教师进行调查访问等方式，了解目前高校外语教师在综合知识、职业技能、职业素质方面胜任力的特征要素及存在的问题。"一带一路"倡议下高校外语教师胜任力的有效提升策略是本研究的重点内容之一。本研究从多个角度（如高校管理部门、外语学院、外语教研室、外语教师）提出提升"一带一路"倡议下高校外语教师胜任力的有效策略。本研究得到了来自中国不同省（自治区、直辖市）的高校教师和"一带一路"相关用人单位的工作人员的大力支持；本研究团队的部分成员具备很强的教学研究能力和丰富的实践教学经验。其中，既有高校外语教师，也有高校其他专业的教师。

◆◇ 1.3　研究创新性

本研究探讨"一带一路"倡议下高校外语教师胜任力问题，拓宽了胜任力的研究范围，具有一定的创新性。

研究方法具有创新性。本研究综合运用了问卷访谈法、优秀教师咨询法、数据分析法、实地调查法等多种研究方法。本研究构建的"一带一路"倡议下高校外语教师胜任力模型由3个一级指标、9个二级指标、41个三级指标构成，各级指标中不仅包括外显胜任力元素，而且包括内隐胜任力元素，胜任力元素全面且符合"一带一路"倡议下人才培养的要求，能为高校外语教师的招聘、培训及外语教师自身职业发展提供新的参考标准。

研究设计具有创新性。本研究构建的"一带一路"倡议下高校外语教师胜任力模型及相关策略，均在教学实践工作中得到了有效验证。

研究内容具有创新性。本研究既探讨了当前高校外语教师应具备的胜任力，又分析了当前高校外语教师胜任力存在的问题，从而更准确、更有针对性地提出"一带一路"倡议下提升高校外语教师胜任力的有效对策。

研究维度具有创新性。本研究从高校管理部门、外语学院、外语教研室、外语教师四个层面提出"一带一路"倡议下提升高校外语教师胜任力的有效对策，研究角度全面多维。本研究的调查测评教师有的来自语言类和师范类高校，有的来自综合类、理工类高校。本研究不仅对"一带一路"共建国家和地区的高校外语教师、企业人员进行了调查访问，而且对"一带一路"共建国家和地区的高校学生进行了调查访问。

◆ 1.4　研究价值

高校教师的素质和胜任力在一定程度上决定着高校人才培养的质量。培养具备全球胜任力的国际化复合型卓越人才，需要高素质的教师队伍作为有力支撑。

本研究具有理论价值。近年来，已经有很多学者对教师胜任力和高校外语教师胜任力进行了研究，构建了教师胜任力模型及其维度指标。但是，关于"一带一路"倡议下高校外语教师胜任力模型的研究并不多。因此，本研究具有一定的理论价值。首先，本研究立足时代需求，以"一带一路"倡议为研究背景，拓宽了高校外语教师胜任力的研究范围，为高校外语教师的职业发展、能力提升提供了参考。其次，本研究选择理论、实践、数据分析相结合的研究模式，综合采用了文献分析、实地调查、因子分析、行为事件访谈等方法，从高校管理部门、外语学院、外语教研室、外语教师四个层面提出了"一带一路"倡议下提升高校外语教师胜任力的对策，能为高校外语教师提高综合胜任力提供重要参考。

本研究具有实践价值。首先，本研究深入探讨了"一带一路"相关政策和实施情况，有助于拓宽高校外语教师的知识面，加深高校外语教师对"一带一路"共建国家的了解，以及提升其成为"一带一路"建设者的热情。其次，本研究探讨了共建"一带一路"高质量发展对人才的新需求，有利于高校外语教师熟悉毕业生就业情况，从而更有针对性地优化课程设置、丰富授课内容和授课模式、合理选择授课材料等，使人才培养精准对接时代需求。再次，本研究构建的"一带一路"倡议下高校外语教师胜任力模型，可被广泛地应用到各高校招聘、考核、奖励外语教师等过程中，为高校外语教师的录用、考核、绩效奖励提供参考标准，也有利于高校录用到能力全面的高素质外语教师。最后，本研究从高校管理部门、外语学院、外语教研室、外语教师四个层面探索出的"一带一路"倡议下提升高校外语教师胜任力的策略，能够有效地提高高校外语教师的综合胜任力，进而提高人才培养质量，培养出"一带一路"倡议下用人单位所需的具备全球胜任力的国际化复合型卓越人才，为共建"一带一路"高质量发展提供人才支撑。

◆◇ 1.5 研究方法

（1）文献查阅法。

通过阅读大量文献，深入了解胜任力，胜任力模型，胜任力元素，胜任力维度，教师胜任力的理论知识、研究方法、研究现状、论文逻辑框架、实践应用等方面内容，为本研究打下坚实的理论基础。通过阅读与"一带一路"相关的文献，深入了解"一带一路"倡议"五通"建设的情况。

（2）调查访问法。

本研究的调查访问法分为网上信息资源调查、实地调研、通信沟通询问、问卷调查。首先，通过网上信息资源调查对"一带一路"相关单位进行实地调研，深入了解"一带一路"建设相关政策、最新进展，以及共建"一带一路"高质量发展对人才的新需求。其次，将"一带一路"倡议下高校外语教师胜任力模型编制成调查问卷，发放给"一带一路"相关地区的高校外语教师，对相关地区高校外语教师的招聘、培养和考核等进行调研，分析"一带一路"倡议下高校外语教师胜任力模型的具体应用方式。再次，对"一带一路"相关地区高校管理部门、外语学院、外语教研室、外语教师进行调研访谈，了解高校外语教师胜任力情况及其存在的不足之处。最后，根据所有调研结果，以及"一带一路"倡议下高校外语教师胜任力模型，从高校管理部门、外语学院、外语教研室、外语教师四个层面提出"一带一路"倡议下高校外语教师胜任力的提升策略。

（3）数据分析法。

利用 SPSS Statistics 26 软件，对问卷调查结果进行分析，检测问卷调查的信度和效度；利用因子分析，验证"一带一路"倡议下高校外语教师胜任力模型的二级指标的合理性；通过分析调查问卷的数据结果，检验"一带一路"倡议下高校外语教师胜任力模型的三级指标的合理性。

（4）行为事件访谈法。

"行为事件访谈法（behavioral event interview，BEI）是由麦克利兰（McClelland）于 20 世纪 70 年代开发出来的开放式行为回顾式探索技术，是一种结合 John C.Flanagan 的关键事例法（critical incident technique，CIT，又称关键事件法）与主题统觉测验（thematic apperception test，TAT）的访谈方式。"[14] 68通过行为事件访谈所调研归纳出的结果真实可靠。访谈者设计一系列与研究目的相关的问题；受访者在限定的题目内回答问题，回忆自己在过去事件发生时的心理、解决问题所采用的方式方法及获得的成就。访谈者从多个受访者的谈话描述中探索受访者的知识储备、职业技能、个性特质、职业素质、动机等相关岗位胜任元素，进而总结从事某种工作需要具备的胜任力元素。本研究通过与"一带一路"相关地区的高校优秀外语教师进行沟通访谈，让他们回忆自己在教学和实践中的一些成就及典型的育人案例，从而整理出高校外语教师需要具备的部分胜任力元素，如良好的沟通技巧、严于律己的工作态度、丰富的综合知识储备、热爱教育事业等。

（5）优秀教师咨询法。

针对某个问题的多种结论，研究者向多名优秀教师咨询，经过多轮次的内容调整，最后研究者采用各名优秀教师意见一致的结论。在接受咨询时，各名优秀教师互不沟通和联系，独立得出咨询结论，确保了咨询结果的准确性和客观性。

本研究依据共建"一带一路"高质量发展对人才需求的新情况和已有的胜任力模型，以及调研出的部分高校外语教师胜任力元素等内容，推理归纳总结出"一带一路"倡议下高校外语教师的胜任力元素。针对"一带一路"倡议下高校外语教师胜任力元素的合理性，向不同领域的多名优秀外语教师征求意见，经过多次的征求询问，最后得出"一带一路"倡议下高校外语教师胜任力元素的一级指标、二级指标、三级指标，进而构建起"一带一路"倡议下高校外语教师胜任力模型。

◈ 本章小结

　　本章详细介绍了本研究的研究背景、研究内容、研究创新性、研究价值和研究方法。本研究以"一带一路"倡议为研究背景，以两个经典胜任力模型为理论基础，采用多种研究方法，探索构建"一带一路"倡议下高校外语教师胜任力模型及提升高校外语教师胜任力的策略，不仅具有理论意义，而且具有实践意义。

第2章 "一带一路"倡议下高校外语教师胜任力模型构建

本章以共建"一带一路"高质量发展对人才的需求情况为依据,结合已有的胜任力模型相关理论,综合运用文献分析、高校优秀外语教师访问调查等方法,较为全面地构建起"一带一路"倡议下高校外语教师胜任力模型。

◆〉 2.1 胜任力模型研究概述

美国著名心理学家麦克利兰于1973年开始对胜任力进行研究。"1973年,麦克利兰发表《测量胜任力而非智力》一文,标志着胜任力理论正式诞生。"[14] 15

胜任力是指一个人出色完成某项任务时所应具备的特征元素,通常包括丰富的知识结构、熟练的技能、自信、良好的表达能力和沟通能力、勇于拼搏的精神、良好的团队合作意识、创新能力、良好的心理素质等,它是区分普通工作者和优秀工作者的重要指标。这些指标是与岗位需求相匹配的。不同的学者对胜任力有不同的解释。"目前关于胜任力并没有统一的定义,其界定包含四个重要的特征:一是与工作任务和工作情形相联系;二是以工作绩效为导向;三是可以用来区分高绩效和普通绩效的关键素质;四是表现为一个复合的能力体系。"[15]

当今世界,经济、科学技术、医疗、贸易、教育等领域快速发展,全球合作进一步增强,各个领域急需极具岗位胜任力的卓越人才。极具岗位胜任力的卓越人才可在工作中高效出色地完成工作任务,在工作岗位上做出贡献。新时代,对胜任力的探索研究具有重要的理论意义和实践意义。胜任力的研究方法包括行为事件访谈法、德尔菲专家咨询法、问卷调查法、统计数据法等。

探索某个领域的胜任力元素和构建胜任力模型,是胜任力研究的重要内容。胜任力模型是优秀工作者出色完成某项或多项任务所应该具备的所有胜任力结构维度和胜任力特征元素。胜任力模型可以包括多个维度或多级指标，它与工作岗位需求相匹配。在不同时期，相同的岗位类型所对应的胜任力模型可能是不同的。胜任力模型具有全面性，即包括工作岗位所需的所有胜任力元素。因为胜任力模型中的所有胜任力元素都可以制定等级和评分标准，所以胜任力模型可以对工作者的综合胜任力情况进行有效测评。

麦克利兰提出的冰山模型（如图2.1）和理查德·博亚特兹提出的洋葱模型（如图2.2）是胜任力模型理论中的两个经典模型。胜任力冰山模型强调胜任力元素的外显和内隐特征，胜任力洋葱模型强调胜任力元素的层次特征。

图2.1　胜任力冰山模型

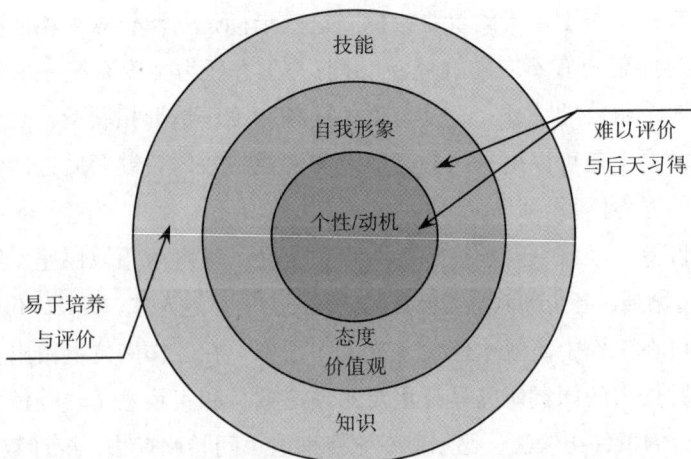

图2.2　胜任力洋葱模型

麦克利兰将胜任力特征模型分为六个维度：技能（通常包括岗位工作技能、沟通技能等）、知识（通常包括工作岗位所需的理论知识、实践知识及人文历史等其他综合性的知识）、社会角色（通常指个体在社会关系中的身份及需要承担的责任，如教师、企业管理者、科技人员等；一个人在同一个岗位中可以扮演多种工作角色，如有些工作人员既是专业技术人员，又是管理人员，同时承担着其他社会责任）、自我认知（个体对自己性格、行为、思想、工作技能、所掌握知识的程度的评价和认知）、特质（个体长期稳定的性格特点，如乐观、坚强、积极合作、勇于拼搏、认真严谨、真诚正直等）、动机（可分为外在动机和内在动机，一名工作者从事某项工作的动机可以是多方面的，如热爱本职岗位动机、个人成就动机、集体荣誉动机等）。其中，技能、知识位于冰山之上，这两个维度较容易被考核和测评，个体通过自身刻苦努力可以获得，属于外显胜任力维度。位于冰山之下的四个维度不易被测评，属于个人内在的比较长期稳定的特征。动机位于冰山的底部，是决定工作者能否胜任工作的核心因素。出色的工作者在从事某项工作时，需要具备良好的、合理的、强烈的工作动机。

在胜任力冰山模型的基础上，理查德·博亚特兹提出了胜任力洋葱模型。在洋葱模型中，胜任力维度按照由外及内、由表及里的顺序层层排列。技能和知识处在最外层，易被测评和培养。个性和动机处在最内层，是测评工作者胜任力的最重要的两个维度，但测评和培养难度较大。

已有很多学者对科技人才、管理者、医务工作者、教育工作者等的胜任力模型进行了研究。在教师胜任力方面，很多学者也开展了研究，如构建教师胜任力模型、提出提升教师胜任力的对策和建议等。"教师胜任力是指教师个体具备的、与实施成功教学有关的一种专业知识、专业技能和专业价值观。"[16]47何齐宗等在《中小学教师教学胜任力实证研究》中指出了提升江西省小学语文和数学教师教学胜任力的对策建议。[17]

构建与教学岗位相匹配的高校教师胜任力模型，探寻高校教师胜任力特征元素，能够有效促进高校教师综合能力（如综合知识储备、教学技能、科研能力、服务社会能力）的提升。同时，高校教师胜任力模型可以为高校教师的录用招聘、考核评估等提供可量化的参考标准。

目前，很多学者对高校教师胜任力模型进行了一定的研究。一些学者探索出高校教师胜任力模型包括知识储备、教学科研能力、实践创新能力、团队合作能力、沟通交流能力等，他们认为，可将"教育教学胜任力、科学研究胜任力、社会服务胜任力、师德修养胜任力与素质发展胜任力作为评价中国'80后'大学教师胜任力成长水平的二级指标"[18]。

李臻在《新时代高校教师胜任力研究——新时代高校教师师德师能"双提升"发展机制研究》中指出："高校教师胜任力水平、绩效产出及工作满意度完整模型包括人格特征、职业认同、职业动机、师德素质、教学胜任力、科研胜任力、服务胜任力、教学绩效、科研绩效等方面。"[19]梁韵妍在《创新创业教育背景下"双师型"教师胜任力模型研究与构建》中构建了高职院校教师胜任力结构模型，其维度包括教学素养、实践素养、职业素养、个性素养、人际素养，胜任特征要素包括专业知识、专业实践技能、敬业、成就动机、协调与沟通等[16] 69。

在共建"一带一路"高质量发展过程中，中国与共建国家开展了全方位、高层次、惠民生的合作。各领域（如外贸、基础设施建设、能源开发、教育交流、医疗合作等）急需具备全球胜任力的国际化复合型卓越人才。高校外语教师的职责是为学生讲授与外语相关的理论与实践知识，提升学生听、说、读、写、译的能力，提高学生的外语应用能力、跨文化理解能力，拓宽学生的国际视野，等等。可见，高校外语教师承担着培养共建"一带一路"高质量发展所需的具备全球胜任力的国际化复合型卓越人才的责任。具备良好胜任力的高校外语教师，是培养共建"一带一路"高质量发展所需的具备全球胜任力的国际化复合型卓越人才的重要条件。

在共建"一带一路"高质量发展时期，探索高校外语教师胜任力元素、胜任力模型，对卓越人才的培养，以及高校外语教师的招聘录用、绩效考核、综合能力提升等具有重要意义。

◆ 2.2 共建"一带一路"高质量发展对人才的新需求

高校培养的人才应具备良好的价值观、扎实的专业理论和实践知识，并能够将知识运用到实际工作中；具备与工作相关的技能和良好的外语应用技能；具备良好的道德品质、良好的人格素养和崇高的人生理想。

人才能为共建"一带一路"高质量发展提供支撑。调研共建"一带一路"高质量发展对人才的新需求，既可以为"一带一路"倡议下高校外语教师胜任力模型的构建提供依据,也可以为高校教师优化课程内容和教学模式提供依据。

通过深入了解"一带一路"相关政策和最新进展,以及对"一带一路"相关国家和地区的高校及企业进行调研等方式,明确共建"一带一路"高质量发展对人才的新需求情况:在政策沟通领域,需要熟悉"一带一路"共建国家的国情、通晓国际关系的人才;在设施联通领域,需要熟悉专业技术并且掌握"一带一路"共建国家语言的人才;在贸易畅通领域,需要了解贸易流程并且熟悉"一带一路"共建国家语言的人才;在资金融通领域,需要了解"一带一路"共建国家经济情况的复合型金融人才;在民心相通领域,需要了解"一带一路"共建国家的文化、教育、艺术等的具备全球胜任力的国际化复合型卓越人才。

当前,共建"一带一路"进入高质量发展时期,对人才的需求有了新的变化。其中,具备全球胜任力的国际化复合型卓越人才是最迫切需要的。在"一带一路"倡议下,各领域国际合作呈现出高层次、高频率、高质量的特点。具备全球胜任力的国际化复合型卓越人才不仅需要精通本专业的理论和实践知识,而且要了解"一带一路"倡议概况、相关政策、最新进展,以及"一带一路"倡议下本专业领域的最新情况,并且能够运用专业知识和相关技能更好地服务于"一带一路"建设。"一带一路"倡议提出以来,中国与共建国家在政策沟通、基础设施建设、外贸、金融、医疗、教育、文化等领域开展了广泛的深度合作。

"互联互通"是共建"一带一路"的重点内容。让"一带一路"共建国家的人民深刻理解彼此的文化,是"互联互通"的关键。"一带一路"倡议提出以来,中国同"一带一路"共建国家在文化、旅游、教育、体育等方面开展了全方位、深层次、立体化的合作。鲁班工坊在泰国、尼日利亚等"一带一路"共建国家设立,让"一带一路"共建国家共享中国智慧和中国方案,加强了中国与"一带一路"共建国家的教育交流互鉴。多种多样的中国文化(如中国传统节日、书法、中医、中国茶文化等)在国际交流活动中频繁开展(如图 2.3 和图 2.4),很多"一带一路"共建国家设立了中国文化中心。

图2.3　丝路·连接·对话[20]

图2.4　俄罗斯大中学生中国文化体验夏令营[21]

　　具备全球胜任力的国际化复合型卓越人才需要熟知中国国情，深入了解并热爱中国文化，具备强烈的家国情怀。在对外交流合作中，能用外语流利地讲述中国文化，能够做到时刻维护国家利益，弘扬中华优秀传统文化。

　　"一带一路"共建国家的政策法规、民俗习惯各不相同，因此，共建"一带一路"高质量发展离不开共建国家各领域政策的对接。共建"一带一路"高质量发展需要具有国际视野和跨文化理解能力的卓越人才支撑。在"一带一路"倡议下，具备全球胜任力的国际化复合型卓越人才应熟悉国际规则和国际标准，熟悉"一带一路"共建国家的历史、地理、民俗、法律等方面的知识。

　　"全球胜任力为培养全球经济的就业力所必需。全球胜任力为在多元文化社会中合作生活所必需。"[22] "一带一路"倡议下具备全球胜任力人才的特征元素有：理解其他国家的文化内涵，能够与其他国家人民进行有效沟通，具备高度的合作意识，了解各国的法律、国际标准和国际规则，能够正确分析国际议题并给出合理的建议。

　　国际会展为"一带一路"共建国家之间进行深入合作提供了平台。在"一带一路"倡议下，各领域的国际会展频繁召开，如世界制药原料展、全球跨境电商大会展览、中国国际中小企业博览会、中国国际食品餐饮博览会（如图2.5）等。在此背景下，具备全球胜任力的国际化复合型卓越人才需要具备良好的领导、组织和协调能力。

图2.5　9月18日，2020年中国国际食品餐饮博览会开幕[23]

　　在与"一带一路"共建国家进行项目合作时，有大量的公文及合作协议需要书写，这要求具备全球胜任力的国际化复合型卓越人才具备规范地使用外文书写国际合作项目公文及协议的能力，精通外语的听、说、读、写、译。

　　"一带一路"共建国家官方语种众多，包括通用语种和非通用语种。随着共建"一带一路"高质量发展，各领域的合作项目质量高、程度深、范围广、次数多，这要求具备全球胜任力的国际化复合型卓越人才掌握两门及以上外语，具备国际项目管理能力。

　　"一带一路"倡议的政策和内容已被多个国际组织和共建国家高度赞同。

在交通、能源、信息、金融等领域，中国同"一带一路"共建国家开展了大规模、全方位、高层次、高质量的合作，取得了很多实实在在的成效，如多地区中欧班列增加了班次、进出口量逐年增长等。当面对新问题、新挑战时，要求具备全球胜任力的国际化复合型卓越人才能够站在全球视野下，运用专业知识和技术，提出解决新问题、应对新挑战的方案，在"一带一路"建设中不断地开创新局面。

部分"一带一路"共建国家的政治、金融形势和投资环境很不稳定，共建"一带一路"在高质量发展的同时面临着各种风险。这就要求具备全球胜任力的国际化复合型卓越人才能及时了解国际形势，全面掌握共建国家的最新政策和规划，提前预判风险并建立安全保障措施，同时具备强大的心理素质和预判能力。

"一带一路"倡议以促进"一带一路"沿线地区繁荣发展、构建人类命运共同体、实现全球可持续发展共同繁荣为目标。因此，具备全球胜任力的国际化复合型卓越人才要具备高度的责任感和服务全球的使命感。

◆ 2.3 "一带一路"倡议下高校外语教师胜任力特征元素

以下通过多种方式探寻"一带一路"倡议下高校外语教师胜任力的特征元素，主要采用的方法有文献分析法、行为事件访谈法、调查访问法等。

本研究选取来自"一带一路"相关地区高校的多名优秀外语教师进行行为事件访谈和调查访问，这些教师均具有研究生学历，有丰富的外语教学和研究经验，得到了学生的高度评价，因此保证了调查结果的广泛性和权威性。

在行为事件访谈过程中，向被访谈的优秀教师提问如下：① 请您回忆一下入职以来在工作当中最让您骄傲的事情或者您认为非常有成就感、非常成功的事情。② 在做这件事情时，您遇到的困难是什么？您是如何解决这些困难的？③ 通过完成这件事，您有哪些收获或者您的学生有哪些收获？

以下为行为事件访谈案例：

（1）我认为入职以来比较成功的事情就是获得了博士学位，这段学习经历对我来说收获很多。在读博之前，为了提升自己的科研和教研能力，我做了访问学者。在做访问学者期间，我经常去听课，虚心向老师和同学请教。我刻苦阅读了大量本专业的文献，积累了很多本专业的理论和应用知识。在读博期间，我仍然刻苦努力学习新知识，认真钻研学问。在导师和同学的帮助下，我顺利地完成了研究和论文撰写任务。毕业后，我继续投身高校外语教学和科研工作。

通过这名优秀高校外语教师的叙述可知，其具备的胜任力元素为极强的科研精神、热爱追求学问、丰富的专业知识、较强的论文撰写技能、有毅力、严谨务实、热爱教学事业、积极与他人合作等。

（2）成为一名教师以来，让我非常有成就感的是通过我的教学，很多学生喜欢上了学习外语，甚至不少学生在毕业很多年后，仍然对我的大学外语课印象深刻。在大学外语第一节课上，我会从外语学习思维着手，耐心细致地为学生讲解大学外语的学习态度、学习目标、学习方法。对一些听力基础薄弱的学生，我会耐心地为他们讲解听力提升技巧。课前，我会认真备课，详细深入地理解教材内容。课上，我会将不同的外语教学模式融入课堂，如根据内容将课文改编成短剧，让学生分角色分组进行表演，并尽最大努力让每名学生都可以扮演一个角色。课前我还会制作好评价表，在课堂上对学生的表演进行评价。为了让学生更好地融入课堂，我也让学生进行互评。我在课堂上与学生保持良好的互动，课堂气氛活跃，让学生对外语学习抱有极大的热情和兴趣。

通过这名优秀高校外语教师的叙述可知，其具备的胜任力元素为良好的外语教育心理学知识，精通外语听、说、读、写、译，很强的备课技能、外语教材应用技能、教学设计技能、组织和管理课堂教学技能，热爱学生和教学事业，公平正直、细致耐心，很强的创新意识，等等。

（3）成为一名大学外语教师以来，我认为很有成就感的一件事就是讲授中国戏曲的英文表演课。通过我的讲授，很多学生感受到中国戏曲文化的魅力，对中国戏曲产生了浓厚的兴趣，能够用英文来表演中国戏曲、传播中国文化。通过理解中国戏曲内容，很多学生提升了自我人格素养，树立了正确的价值观，实现了中国戏曲英文表演课的智育和德育双目标。课前，我和其他教师一起制定课程目标、教学方式，通过网上查阅、向他人请教、钻研书刊等方式认真准备了丰富的教学材料。本课程还聘请了专业戏曲教师为学生讲解戏曲知识。面对中国戏曲相关词汇准确翻译的难点，我和其他教师并没有放弃，而是选择挑战困难。我和其他教师通过查找大量资料，并进行深入调研，确保了中国戏曲相关词汇的准确翻译。课堂上，我和其他教师安排了中国戏曲英文表演环节，鼓励学生积极参与。为了让更多的学生用英文表演中国戏曲，理解和欣赏中国戏曲文化的精神和魅力，我和其他教师还精心开设了中国戏曲英文表演线上课程。

通过这名优秀高校外语教师的叙述可知，其具备的胜任力元素为很强的翻译理论、实践知识及专业外语应用技能，丰富的中国文化知识和很强的弘扬中华优秀传统文化的能力，热爱中国文化，很强的团结合作意识和严谨务实的态度，很强的信息查询、搜索能力及网络教学知识与应用技能，很强的课堂教学设计技能，等等。

(4) 入职以来，作为一名高校外语教师，很有成就感的事情是在我认真耐心的指导下，我的很多学生在演讲比赛中取得了好成绩。在演讲比赛前，我帮助学生确定演讲话题、熟悉演讲程序、修改演讲稿，指导学生在演讲稿中体现思政元素和当代大学生应具备的高尚价值观，并在演讲稿中传播中国声音和中国文化。我细心地为学生讲授演讲技巧，如演讲语音语调的抑扬顿挫、演讲情绪的调整变换。在指导学生参加演讲比赛过程中，我遇到的最大困难就是学生的现场状态没法达到预期标准。为了让学生有更好的现场演讲状态，在比赛前，我们增加了模拟现场演讲比赛的次数，让学生更自信地演讲。通过指导学生参加演讲比赛，也提高了我的教学能力。

通过这名优秀高校外语教师的叙述可知，其具备很好的外语听说理论和实践应用知识，很强的课后辅导学生的技能，高尚的价值观和家国情怀，很好的教学反思技能，热爱学生、主动耐心帮助学生的良好职业道德，将思政元素有机融入教学的技能，较强的用外语进行流利沟通的能力及良好的心理素质和承受压力的能力，等等。

(5) 自入职以来，作为一名高校外语教师和外语部主任，我认真工作、努力教学。在我的认真教学下，学生的大学英语四级和六级过级率均有所提高，外语听、说、读、写、译的能力均有所提升。在教学工作中，我获得了很多奖项。担任外语部主任以来，我团结同事，协助领导有序完成各项部门工作，受到同事的一致好评和认可。我积极努力承担繁重的工作任务，经常加班到深夜。为了提高学生的外语学习能力和外语教师的教学能力，我积极开展外语分层教学，每个月都召开分层教学研讨会。在分层教学工作中，遇到了很多困难。例如，在外语C班教学工作中，起初很多学生对外语学习没有兴趣，教外语C班的教师工作热情也不足。面对这样的困难，我和上级领导及时采取措施，提升了学生学习外语的兴趣和外语教师的工作热情。在管理外聘教师工作中，我也遇到了很多困难。我选择迎难而上，努力解决问题。为了确保外聘教师教学状态良好，在我和同事的共同努力下，采用了一对一负责制，并加大了对外聘教师的考核力度。我和同事共同组织策划了各类外语知识和技能竞赛，提高了学生学习外语的兴趣和外语教师的教学能力及工作热情。

通过这名高校外语教师的叙述可知，其具备较强的领导能力、组织能力、合作能力，热爱集体、关心集体的职业素质，探究提高人才培养质量的教学方法的技能，较强的心理素质和抗压能力，较强的教学设计技能，提高学生外语学习动机的技能，与时俱进、不断创新的职业素质，提高外语教师工作积极性和工作热情的能力，能够深入准确了解学生学习情况的职业素质，等等。

（6）工作以来，我指导了多名硕士研究生，他们中有很多人在工作岗位上取得了显著的成就。硕士研究生入学后，研究生导师是学生的主要负责人。我会为研究生做详细的入学指导，对其整个研究生学习过程高度负责。我不仅对学生进行学业指导，而且关心学生的生活情况。我积极耐心地指导学生参加各类外语竞赛。在指导学生撰写毕业论文时，我帮助学生选择研究方向和确定选题。有些学生的论文中出现了不正确的语法结构，我反复修改。有些学生对文学理论的研究不够深入，或运用文学理论解读文学作品时遇到了困难，我就帮助他们深入地了解文学理论，为其推荐图书，教其查找相关文献资料，督促其做好阅读笔记、多听专家讲座。经过我一年多的指导，学生都能够明确自己的研究方向和研究目标，对理论知识的掌握也更深入。撰写毕业论文，也提升了学生的思辨能力。毕业后，学生的社会认可度很高。看到学生取得的良好成绩和成长进步，我很有成就感。在指导学生撰写毕业论文过程中，我和学生共同学习、共同研究，既加深了我对文学理论的进一步理解，又提高了我的教学水平和科研能力。

通过这名高校外语教师的叙述可知，其具备关心学生、对学生高度负责的职业道德素质，良好的指导学生学业的技能，较强的教研和科研能力、深厚的专业理论知识和应用知识储备，严谨务实的科研精神，较强的信息资料查询技能，较好的批判性思维能力，努力深入追求学问的职业素质，指导学生开阔国际视野、提高跨文化理解能力的技能，等等。

在相关胜任力文献研究的基础上，通过对国内多个省（自治区、直辖市）的多名优秀高校外语教师进行行为事件访谈和调查访问，结合共建"一带一路"高质量发展对人才的新需求及胜任力冰山模型和胜任力洋葱模型，归纳出以下"一带一路"倡议下高校外语教师的胜任力元素。

（1）综合知识。

具备丰富的综合知识是"一带一路"倡议下高校外语教师培养具备全球胜任力的国际化复合型卓越人才的基础。为了适应共建"一带一路"高质量发展对人才的新需求，高校外语教师应具有广博且深厚的综合知识；精通外语的听、说、读、写、译，尤其应具备外语的各类文本翻译理论及现场口译实践知识；掌握"一带一路"共建国家外语的发音规则和口语词汇。

"一带一路"倡议提出以来，各类国际会展频繁举办，促进了"一带一路"共建国家之间的交流，因此，高校外语教师应精通会展类相关词汇的准确翻译。

目前，中国智慧和中国方案越来越受到"一带一路"共建国家的高度评价和认可。高校外语教师肩负着传播中华优秀传统文化、弘扬中国智慧和中国方案的责任，因此应掌握中华优秀传统文化相关内容的翻译理论知识和实践知识，如增词法、减词法、直译法、意译法、不同词性转换法等。

"一带一路"共建国家语种繁多，因此高校外语教师应具备"通用语种+非通用语种"的复语知识储备，并了解"一带一路"共建国家的语言特色。当前，共建"一带一路"进入高质量发展时期，中国与"一带一路"共建国家在外贸、基础设施建设、科学技术、医疗健康等领域开展了持续、高质量、深入的合作。中国很多高校正在加大力度培养能够参与国际事务的具备全球胜任力的国际化复合型卓越人才。在此形势下，高校外语教师还需掌握与"一带一路"相关的专业外语（如外贸外语、工程外语、法律外语、机械外语等），通晓外贸合同、国际工程项目等文件的写作规范及翻译标准。

"民心相通"是"一带一路""五通"建设中的重要内容。中国与"一带一路"共建国家的文化交流，拉近了中国民众与"一带一路"共建国家民众之间的距离，有力地促进了共建"一带一路"高质量发展。"中国与157个国家签署了文化合作协定，执行文化交流计划近800个；……丝绸之路沿线民间组织合作网络成员已达310家，覆盖世界主要国家和地区的政府间文化交流与合作网络基本形成。"[9] 179-180 因此，高校外语教师应全面掌握"一带一路"共建国家的历史进程、政治制度、文学艺术、习俗、法律等跨文化知识，提高跨文化理解能力。同时，应厚植家国情怀，传播中国文化知识，弘扬中华优秀传统文化。

自"一带一路"倡议提出以来，越来越多的"一带一路"共建国家的学生选择到中国留学，也有很多中国教师去"一带一路"共建国家讲学授课，为当地培养人才。可见，高校外语教师应掌握对外汉语教学知识。

高校外语教师应及时补充最新的外语教育学及外语教育心理学知识，如掌握最新的外语教学方法、教学模式，激发学生学习外语的热情，合理地测评学生外语学习效果，等等。此外，高校外语教师应具备最新的外语教研和科研知识，掌握最新的外语教学和科学研究理论、研究方法、研究工具等。

当前，"一带一路"共建国家的教育合作形式趋于多样化，其中"互联网+"教学模式被各国广泛应用，因此，高校外语教师应掌握前沿的计算机网络教学知识和计算机软件操作知识。例如，掌握在线授课操作、课后在线辅导平台操作、虚拟教研室设计操作等。

（2）职业技能。

具备全面的职业技能，是"一带一路"倡议下高校外语教师培养具备全球胜任力的国际化复合型卓越人才的关键。为了推动"一带一路"各项建设取得更大的成果，中国举办了一系列国际高层次项目会谈、各领域研讨会、国际会展、教育文化交流等活动。高校外语教师应具备多语种沟通及翻译技能、专业外语（如法律外语、金融外语、师范外语等）应用技能、多语种写作技能。

随着共建"一带一路"高质量发展，"一带一路"共建国家的高校之间有了很多的合作，这要求高校外语教师具备与"一带一路"共建国家高校教师高质量合作的技能，如合作办学、合作科研、合作建立教研室等。

《高等学校课程思政建设指导纲要》中指出，要科学设计课程思政教学体系，将课程思政融入课堂教学建设全过程。在"一带一路"倡议下，知世界、知国家、知法律，具有人文主义精神和勇于探索精神的人才，能够更好地服务于人类命运共同体构建。新形势下，立德树人和知识传授都是高校外语教学的重要内容。高校外语教师应将思政内容融入语言教学的各个环节，实现外语教学的智育和德育双功能。

高校外语教师应具备教学全过程设计技能。课前准备技能包括教学素材的选择、教学内容的时间分配、教学重点的确定、课件的制作、与学生的沟通等。课堂教学技能包括教学方式的设计、学生积极性的调动、教学模式的更新、思政内容的融入、中国文化元素的融入、现代教学技术的应用等。课后指导技能包括学生课后自主学习平台的建设、实践实习的组织、考核方案的设计、外语类竞赛的指导、根据学生的不同学习情况给予针对性指导等。此外，高校外语教师应具备信息技术应用技能，能够将信息技术高效地应用到教学全过程。

高校外语教师应努力提高教学研究技能。例如，通过采用新的教学方法、使用新的研究工具，不断钻研出提升适应共建"一带一路"高质量发展的人才培养策略，并将策略应用于教学实践。

（3）职业素质。

在"一带一路"倡议下，高校外语教师应具备的职业素质体现在社会角色、职业道德、职业动机、个人特质等方面。

在社会角色方面，高校外语教师是专业外语知识的传授者，是中国文化和"一带一路"共建国家文化的传播者，是对接"一带一路"倡议需求的人才培养者，是具有正确价值观和家国情怀的卓越人才的引领者，是提升高校学生国际视野和跨文化理解能力的指导者，是外语课程德育功能的实现者，是"一带一路"建设的促进者。

在职业道德方面，高校外语教师应热爱学生、热爱集体，具备严谨务实、与时俱进的治学态度。

在职业动机方面，高校外语教师应具备高度服务于"一带一路"建设的意识，热爱教学事业，具备自我成就意识。

在个人特质方面，高校外语教师应胸怀宽广，积极合作，具有健康的心理状态和抗压能力、持之以恒的精神，始终保持实事求是、脚踏实地的精神品质，具有前瞻意识、创新意识和批判性思维等。

"一带一路"倡议下高校外语教师胜任力初步模型见表2.1。

表 2.1 "一带一路"倡议下高校外语教师胜任力初步模型

	一级指标	二级指标	三级指标
"一带一路"倡议下高校外语教师胜任力初步模型	综合知识	外语知识	外语的听、说、读、写、译,各类文本翻译理论及现场口译实践知识;"一带一路"共建国家外语的发音规则和口语词汇;会展类相关词汇的准确翻译;中华优秀传统文化翻译理论知识和翻译知识;"通用语种+非通用语种"的复语知识储备,"一带一路"共建国家的语言特色;"一带一路"相关的专业外语知识,各类文件的写作规范及翻译标准
		通识性知识	共建"一带一路"的相关政策和最新进展;"一带一路"倡议下各领域对人才的新需求;"一带一路"共建国家的历史、政治制度、文学、艺术、习俗、法律等跨文化知识;中国文化知识;计算机网络教学知识和计算机软件操作知识
		教育学知识	对外汉语教学知识;外语教育学及外语教育心理学知识
	职业技能	专业技能	多语种沟通及翻译技能;专业外语应用技能;与"一带一路"共建国家高校教师高质量合作的技能
		教学技能	实现外语教学的智育和德育双功能的技能;教学全过程设计技能;课前准备技能、课堂教学技能、课后指导技能;信息技术应用技能;教学研究技能
	职业素质	社会角色	专业外语知识的传授者;中国文化和"一带一路"共建国家文化的传播者;对接"一带一路"倡议需求的人才培养者;具有正确价值观和家国情怀的卓越人才的引领者;开阔学生国际视野、提高学生跨文化理解能力的指导者;外语课程德育功能的实现者;"一带一路"建设的促进者
		职业道德	热爱学生,热爱集体;具备严谨务实、与时俱进的治学态度
		职业动机	高度服务于"一带一路"建设的意识,热爱教学事业,具备自我成就意识
		个人特质	胸怀宽广,积极合作;具有健康的心理状态和抗压能力、持之以恒的精神;始终保持实事求是、脚踏实地的精神品质;具有前瞻意识、创新意识和批判性思维

◆ 2.4 "一带一路"倡议下高校外语教师胜任力模型

"一带一路"倡议下高校外语教师胜任力初步模型需要进一步的修订和完善，才能构建"一带一路"倡议下高校外语教师胜任力模型。

运用优秀教师咨询法对多名高校优秀外语教师和专家进行咨询调查，将"一带一路"倡议下高校外语教师胜任力初步模型发送给他们。

各名高校优秀外语教师和专家提出如下意见："一带一路"倡议下高校外语教师胜任力初步模型部分三级指标内容相似，应进行合并；部分三级指标需要调整类别；等等。各名高校优秀外语教师和专家对已研究的"一带一路"倡议下高校外语教师胜任力特征元素进行了多轮次的讨论，对"一带一路"倡议下高校外语教师胜任力初步模型进行了多次修订和完善，最后达成一致的结论："一带一路"倡议下高校外语教师胜任力模型由3个一级指标（胜任力维度）、9个二级指标、41个三级指标（胜任力元素）构成，见表2.2。

表2.2 "一带一路"倡议下高校外语教师胜任力模型

	一级指标	二级指标	三级指标
"一带一路"倡议下高校外语教师胜任力模型	综合知识	外语知识	听、说、读、写、译；翻译理论及实践；通用语种+非通用语种；民族特色语言；专业外语知识
		通识性知识	共建"一带一路"的相关政策及最新进展；"一带一路"共建国家的历史、地理、政治、文学、艺术、习俗、法律知识等跨文化知识；中国文化知识；各类公文的写作规范
		教育学知识	外语教育学理论知识；外语教育心理学知识；计算机教学知识
	职业技能	专业技能	多语种沟通及翻译技能；专业外语应用技能；国际论文创作技能
		教学技能	教学设计技能；课前准备技能；课堂教学技能；课后指导技能；考核测试技能；教学研究技能

表2.2（续）

	一级指标	二级指标	三级指标
"一带一路"倡议下高校外语教师胜任力模型	职业素质	社会角色	外语知识的传授者；文化的传播者；人才培养者；复合型卓越人才的引领者；外语课程双功能的实现者；"一带一路"建设的促进者
		职业道德	热爱学生；热爱集体；严谨治学；公平公正
		职业动机	服务社会意识；热爱教学事业；自我成就意识
		个人特质	胸怀宽广；积极合作；创新意识；健康的心理状态；极强的求知欲和领导力；正直诚信；前瞻意识

◆◇ 本章小结

本章首先详细介绍了胜任力、胜任力模型、两个经典胜任力模型的概念，以及教师胜任力的研究现状，并分析了共建"一带一路"高质量发展对人才的新需求。其次介绍了构建"一带一路"倡议下高校外语教师胜任力初步模型的方法和行为事件访谈典型案例，探索了"一带一路"倡议下高校外语教师的胜任力元素，初步构建了"一带一路"倡议下高校外语教师胜任力模型。"一带一路"倡议下高校外语教师胜任力初步模型包括3个一级指标、9个二级指标和多个三级指标。最后运用优秀教师咨询法构建了"一带一路"倡议下高校外语教师胜任力模型。"一带一路"倡议下高校外语教师胜任力模型包括3个一级指标、9个二级指标和41个三级指标。

第3章 "一带一路"倡议下高校外语教师胜任力模型实证检验

将"一带一路"倡议下高校外语教师胜任力模型编制成调查问卷,发放给高校外语教师,收集数据,进行实证检验。实证检验结果表明,"一带一路"倡议下高校外语教师胜任力模型具有有效性,可被广泛地应用在高校管理部门、外语学院、外语教研室和外语教师职业发展等方面。

◆ 3.1 编制调查问卷及数据整理

依据共建"一带一路"高质量发展对人才的需求情况和已有的胜任力模型相关理论,运用文献分析法和对优秀教师咨询法构建的"一带一路"倡议下高校外语教师胜任力模型,需要在实践中进一步检验其有效性。根据"一带一路"倡议下高校外语教师胜任力模型的各级指标,编制胜任力调查问卷——《国际合作视域下高校外语教师素质能力调查》。该调查问卷分为两部分,第一部分为教师任教情况,第二部分为36个测评选项。选项采用Likert量表5级评分法,依次为非常重要、重要、一般重要、不重要、非常不重要。

国际合作视域下高校外语教师素质能力调查

1.您的教龄是?(以年为单位)[填空题]*

_____

2.您的工作单位(学校)名称是?(辛苦各位老师写全称)[填空题]*

_____

3.您的职称是?(助教、讲师、副教授、教授)[填空题]*

_____

4. 高校外语教师应掌握最新的外语学科基础知识点。[单选题] *

○非常重要

○重要

○一般重要

○不重要

○非常不重要

5. 高校外语教师应掌握口译和笔译应用内容。[单选题] *

○非常重要

○重要

○一般重要

○不重要

○非常不重要

6. 高校外语教师应了解其他一些国家的地方方言和习语谚语等内容。

[单选题] *

○非常重要

○重要

○一般重要

○不重要

○非常不重要

7. 高校外语教师应具备良好的复语知识储备。[单选题] *

○非常重要

○重要

○一般重要

○不重要

○非常不重要

8. 高校外语教师应掌握跨学科内容（如工程外语、经贸外语、法律外语

等）。[单选题] *

○非常重要

○重要

○一般重要

○不重要

○非常不重要

9. 高校外语教师应掌握各类项目合同等文件的撰写模式。[单选题] *
○非常重要
○重要
○一般重要
○不重要
○非常不重要

10. 高校外语教师应了解其他一些国家的文化。[单选题] *
○非常重要
○重要
○一般重要
○不重要
○非常不重要

11. 高校外语教师应加强对中国历史、文学等内容的了解。[单选题] *
○非常重要
○重要
○一般重要
○不重要
○非常不重要

12. 高校外语教师应了解各项相关政策和用人单位对人才的需求情况。
[单选题] *
○非常重要
○重要
○一般重要
○不重要
○非常不重要

13. 高校外语教师应掌握教育心理学和《中华人民共和国教师法》等内
容。[单选题] *
○非常重要
○重要
○一般重要
○不重要
○非常不重要

14. 高校外语教师应掌握电脑软件操作技能。[单选题] *

○非常重要

○重要

○一般重要

○不重要

○非常不重要

15. 高校外语教师应具备公开演讲、写作等能力。[单选题] *

○非常重要

○重要

○一般重要

○不重要

○非常不重要

16. 在国际会议等对外交流场合下，高校外语教师应掌握工程、法律、医疗等跨学科口译能力。[单选题] *

○非常重要

○重要

○一般重要

○不重要

○非常不重要

17. 高校外语教师应具备较强的复语应用能力。[单选题] *

○非常重要

○重要

○一般重要

○不重要

○非常不重要

18. 高校外语教师应掌握制作高质量课件的能力。[单选题] *

○非常重要

○重要

○一般重要

○不重要

○非常不重要

19. 高校外语教师应具备合理安排阶段教学目标、灵活运用教学方法的能力。[单选题] *
○非常重要
○重要
○一般重要
○不重要
○非常不重要

20. 高校外语教师应具备教学反思与教学总结分析能力。[单选题] *
○非常重要
○重要
○一般重要
○不重要
○非常不重要

21. 高校外语教师应具备高效辅导学生学业的能力。[单选题] *
○非常重要
○重要
○一般重要
○不重要
○非常不重要

22. 高校外语教师应具备高质量安排教学内容和激发学生课堂积极性的能力。[单选题] *
○非常重要
○重要
○一般重要
○不重要
○非常不重要

23. 高校外语教师应具备准确有效评价学生学习情况的能力。[单选题] *
○非常重要
○重要
○一般重要
○不重要
○非常不重要

24. 高校外语教师肩负着培养高层次人才的责任。[单选题] *
○ 非常重要
○ 重要
○ 一般重要
○ 不重要
○ 非常不重要

25. 高校外语教师肩负着促进中国与其他国家之间文明互鉴交流的责任。[单选题] *
○ 非常重要
○ 重要
○ 一般重要
○ 不重要
○ 非常不重要

26. 高校外语教师应努力为国家之间的交流合作、构建人类命运共同体贡献自己的一份力量。[单选题] *
○ 非常重要
○ 重要
○ 一般重要
○ 不重要
○ 非常不重要

27. 高校外语教师肩负着改革教学内容和教学方法的责任。[单选题] *
○ 非常重要
○ 重要
○ 一般重要
○ 不重要
○ 非常不重要

28. 高校外语教师肩负着为学生讲解最新的外语学科知识的责任。[单选题] *
○ 非常重要
○ 重要
○ 一般重要

○不重要

○非常不重要

29.高校外语教师应在教学工作中保持公正平等的原则。[单选题] *

○非常重要

○重要

○一般重要

○不重要

○非常不重要

30.高校外语教师应热爱工作单位,积极参与学校的各项任务。[单选题] *

○非常重要

○重要

○一般重要

○不重要

○非常不重要

31.高校外语教师应主动帮助学生,关心学生各方面情况。[单选题] *

○非常重要

○重要

○一般重要

○不重要

○非常不重要

32.高校外语教师在探究学问时,应持有务实、求真、严格的职业信念。[单选题] *

○非常重要

○重要

○一般重要

○不重要

○非常不重要

33.高校外语教师应不断地挑战困难、提升自己。[单选题] *

○非常重要

○重要

○一般重要

○不重要

○非常不重要

34. 高校外语教师应时刻具有准备投身国家所需要的地方的思想境界。[单选题] *

○非常重要

○重要

○一般重要

○不重要

○非常不重要

35. 高校外语教师应时刻怀有为教育工作而努力奋斗的理想。[单选题] *

○非常重要

○重要

○一般重要

○不重要

○非常不重要

36. 高校外语教师在教学工作中应时刻保持开拓进取、突破新挑战的精神状态。[单选题] *

○非常重要

○重要

○一般重要

○不重要

○非常不重要

37. 高校外语教师应能够承担压力，勇于挑战困难，具备良好的心理素质。[单选题] *

○非常重要

○重要

○一般重要

○不重要

○非常不重要

38. 高校外语教师应具有国际视野，树立远大的育人理想。[单选题] *
○非常重要
○重要
○一般重要
○不重要
○非常不重要

39. 高校外语教师应具备良好的组织管理能力，积极与一些国家的教育工作者共同开展外语教学研究。[单选题] *
○非常重要
○重要
○一般重要
○不重要
○非常不重要

40. 在全球合作视域下，您认为高校外语教师还应该具备哪些能力？[填空题]

该测评的对象是来自国内很多省（自治区、直辖市）不同教龄阶段的优秀高校外语教师。这些省（自治区、直辖市）都已融入"一带一路"建设。测评高校涵盖综合类高校、理工类高校、语言类高校、师范类高校等。测评教师的职称包括副教授、教授等。测评教师获得学位包括硕士、博士。测评教师所讲授的语种包括英语、俄语、日语。以上测评教师的相关情况，确保了调查结果的前沿性、广泛性、代表性和准确性。调查共回收102份有效样本，将所有样本数据录入SPSS Statistics 26进行数据分析。

◆◇ 3.2 调查问卷信效度分析

"信度是指量表测量结果的可靠性、稳定性和一致性的程度。"[24] 分析调查问卷中测量项结果的可靠性和一致性，要对测量结果进行信度分析，采用克隆巴赫 α 系数，当 α 系数大于0.7时，表明调查问卷具有良好的信度。本调查问卷样本数为102，都是有效的，见表3.1。本调查问卷总体的克隆巴赫 α

系数为0.949（项数：36），见表3.2。综合知识指标克隆巴赫α系数为0.846（项数：11），见表3.3。职业技能指标克隆巴赫α系数为0.865（项数：9），见表3.4。职业素质指标克隆巴赫α系数为0.928（项数：16），见表3.5。

表3.1 本调查问卷样本数

个案处理摘要			
内容		个案数	有效个案数占比
个案	有效	102	100%
	排除[a]	0	0%
	总计	102	100%
a：基于过程中所有变量的成列删除			

表3.2 本调查问卷总体的克隆巴赫α系数

可靠性统计	
克隆巴赫α系数	项数
0.949	36

表3.3 综合知识指标克隆巴赫α系数

可靠性统计	
克隆巴赫α系数	项数
0.846	11

表3.4 职业技能指标克隆巴赫α系数

可靠性统计	
克隆巴赫α系数	项数
0.865	9

表3.5 职业素质指标克隆巴赫α系数

可靠性统计	
克隆巴赫α系数	项数
0.928	16

由表3.2至表3.5可知，《国际合作视域下高校外语教师素质能力调查》的总体克隆巴赫α系数和各个指标的克隆巴赫α系数都大于0.7，调查问卷具备良好的信度，测量结果具有稳定性和可靠性。

《国际合作视域下高校外语教师素质能力调查》问卷的效度体现在问卷能否有效地测量出"一带一路"倡议下高校外语教师的胜任力水平。"一带一路"倡议下高校外语教师胜任力模型在构建时参考了两个胜任力经典模型——冰山模型和洋葱模型。《国际合作视域下高校外语教师素质能力调查》问卷的内容得到了"一带一路"相关地区的很多高校外语教师的肯定和认可，具有很好的内容效度。将所有变量和量表总分进行皮尔逊相关系数分析，大多数变量之间的皮尔逊相关系数较低，相关性较弱，各变量具有良好的代表性；绝大多数变量与量表总分的皮尔逊相关系数较高，相关性较好，本调查问卷具有很好的结构效度。

◇ 3.3 二级指标和三级指标的检验

应用SPSS Statistics 26中因子分析，进行"一带一路"倡议下高校外语教师胜任力模型二级指标数目的检验。因子分析是指对所有原始变量进行降维处理，提取出具有代表性的公共因子，常用的是主成分方法提取。依据KMO值和巴特利特（Bartlett）球形度检验来验证因子分析的适合性。当KMO值大于0.7、显著性小于0.001时，数据适合作因子分析。《国际合作视域下高校外语教师素质能力调查》中量表KMO值和巴特利特球形度检验结果见表3.6。其中，KMO=0.871，大于0.7；显著性=0.000，小于0.001，表明此量表数据适合作因子分析。

表3.6 KMO值和巴特利特球形度检验结果

KMO取样适切性量数		0.871
巴特利特球形度检验	近似卡方	2478.854
	自由度	630
	显著性	0.000

对所有变量，采用主成分方法提取特征值不小于1的因子。由碎石图

（图3.1）可知，前9个因子折线比较陡峭，且特征值不小于1；从第10个因子起，折线比较平缓，且特征值小于1。

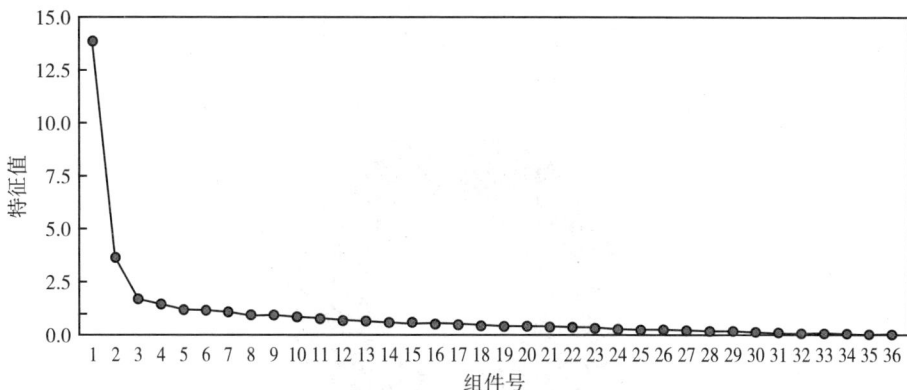

图3.1 碎石图

根据SPSS Statistics 26中关于总方差的解释，前9个因子累积解释所有变量信息率为72.526%，累积解释的贡献率较高。这9个因子能够较好地评估出"一带一路"倡议下高校外语教师的胜任力水平，且与"一带一路"倡议下高校外语教师胜任力模型中二级指标（外语知识、通识性知识、教育学知识、专业技能、教学技能、社会角色、职业道德、职业动机、个人特质）的数目是一致的。

在《国际合作视域下高校外语教师素质能力调查》问卷中，第4题"高校外语教师应掌握最新的外语学科基础知识点"非常重要的比例为61%，重要的比例为37%，一般重要的比例为2%；第5题"高校外语教师应掌握口译和笔译应用内容"从"非常重要"到"一般重要"的比例为98.04%；第6题"高校外语教师应了解其他一些国家的地方方言和习语谚语等内容"从"非常重要"到"一般重要"的比例为93.14%；第7题"高校外语教师应具备良好的复语知识储备"从"非常重要"到"一般重要"的比例为79.41%；第8题"高校外语教师应掌握跨学科内容（如工程外语、经贸外语、法律外语等）"从"非常重要"到"一般重要"的比例为89.22%；第9题"高校外语教师应掌握各类项目合同等文件的撰写模式"从"非常重要"到"一般重要"的比例为76.47%；第10题到第39题从"非常重要"到"一般重要"的比例都较高。每题的具体作答情况如下。

第4题（高校外语教师应掌握最新的外语学科基础知识点）各位教师作答情况如图3.2。

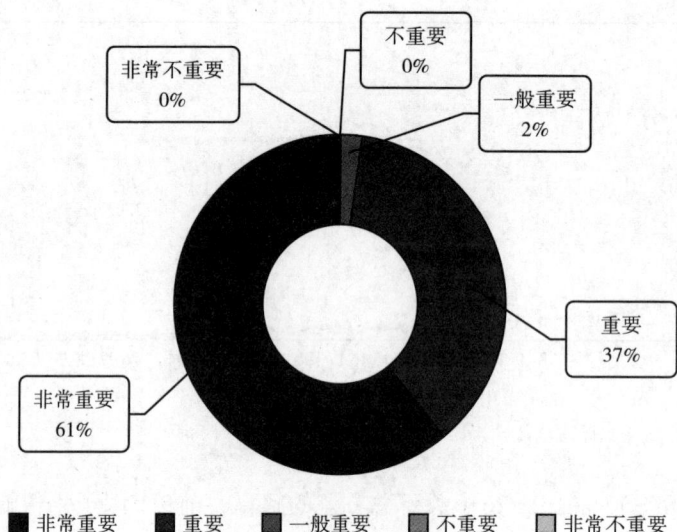

图3.2　第4题作答情况

第5题（高校外语教师应掌握口译和笔译应用内容）各位教师作答情况如图3.3。

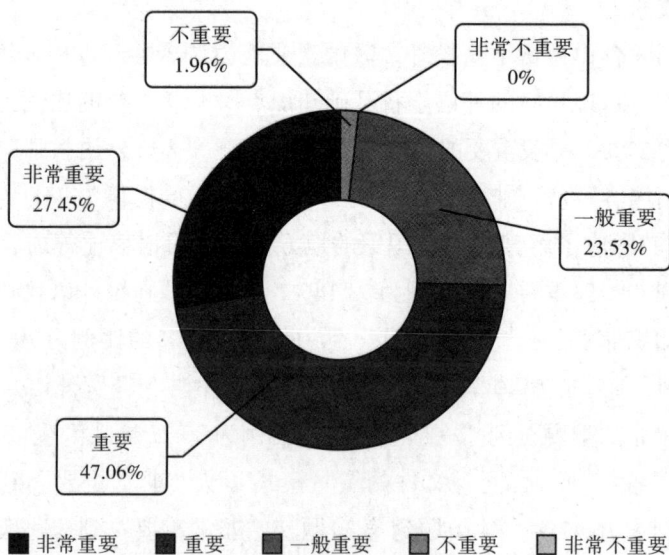

图3.3　第5题作答情况

第6题（高校外语教师应了解其他一些国家的地方方言和习语谚语等内容）各位教师作答情况如图3.4。

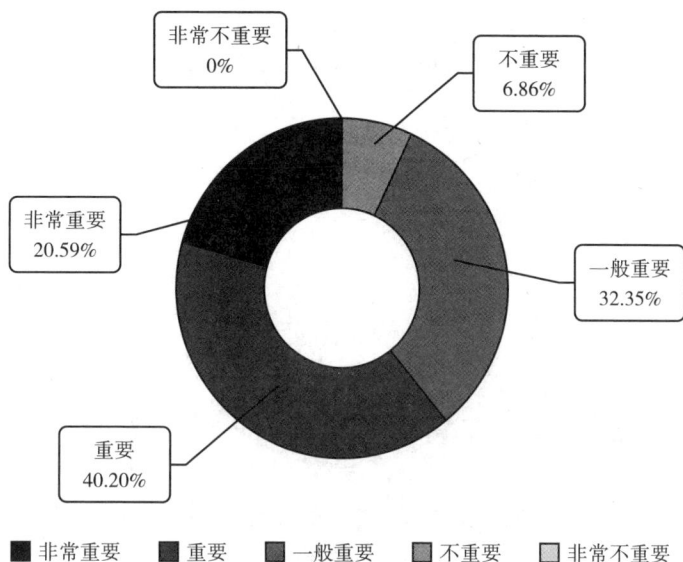

图3.4 第6题作答情况

第7题（高校外语教师应具备良好的复语知识储备）各位教师作答情况如图3.5。

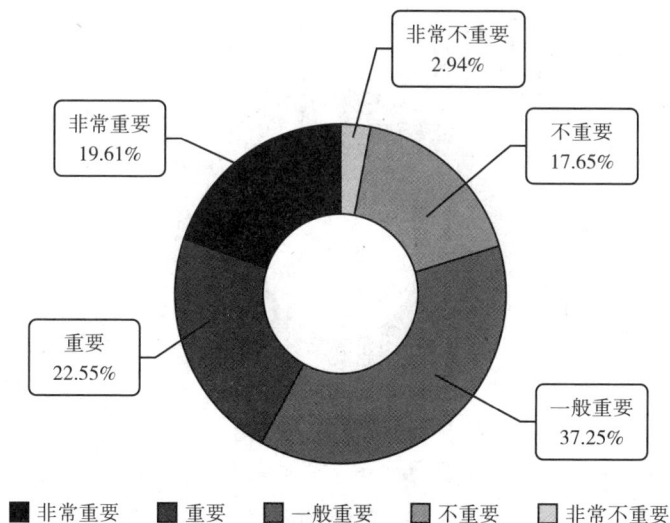

图3.5 第7题作答情况

第8题〔高校外语教师应掌握跨学科内容（如工程外语、经贸外语、法律外语等）〕各位教师作答情况如图3.6。

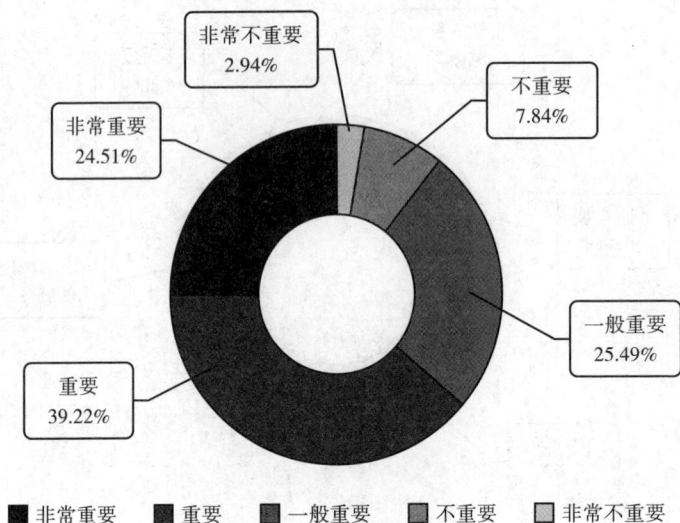

图3.6　第8题作答情况

第9题（高校外语教师应掌握各类项目合同等文件的撰写模式）各位教师作答情况如图3.7。

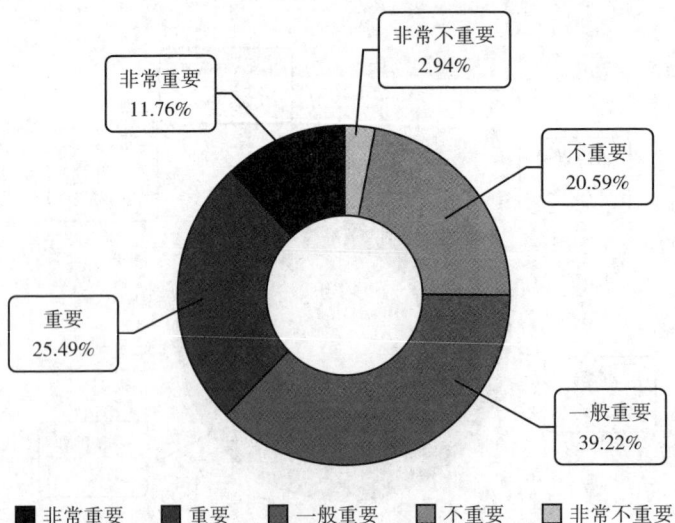

图3.7　第9题作答情况

第10题（高校外语教师应了解其他一些国家的文化）各位教师作答情况如图3.8。

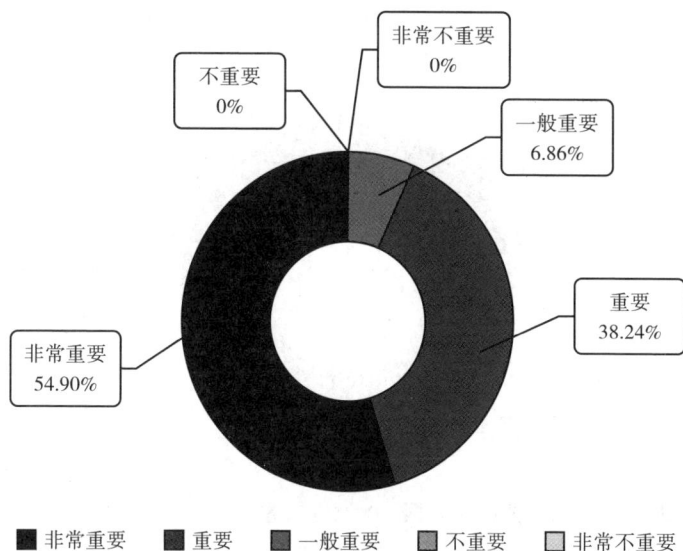

图3.8　第10题作答情况

第11题（高校外语教师应加强对中国历史、文学等内容的了解）各位教师作答情况如图3.9。

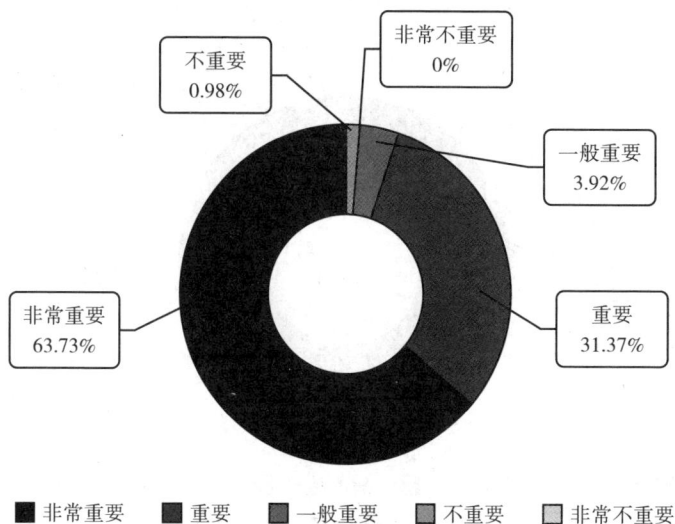

图3.9　第11题作答情况

第12题（高校外语教师应了解各项相关政策和用人单位对人才的需求情况）如图3.10。

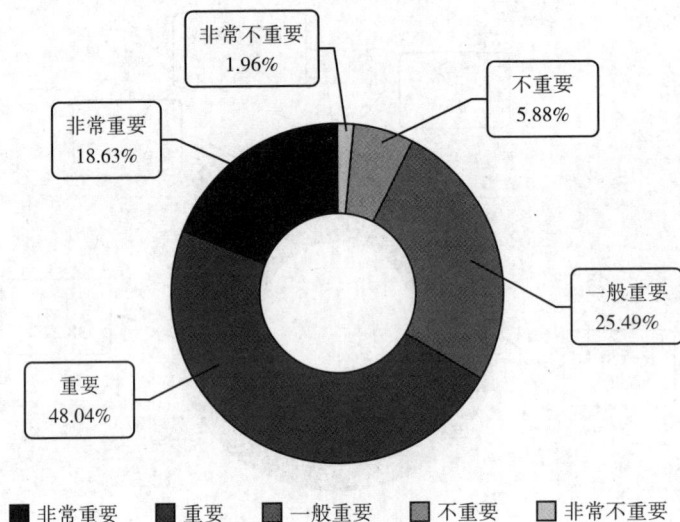

图 3.10　第 12 题作答情况

第13题（高校外语教师应掌握教育心理学和《中华人民共和国教师法》等内容）各位教师作答情况如图3.11。

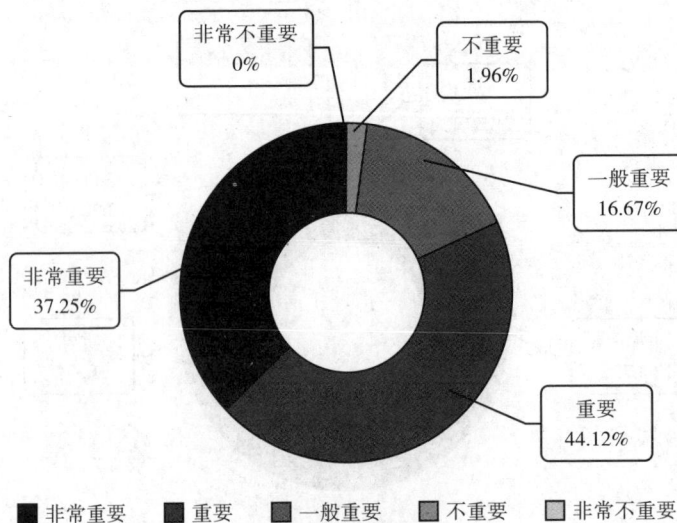

图 3.11　第 13 题作答情况

第14题（高校外语教师应掌握电脑软件操作技能）各位教师作答情况如图3.12。

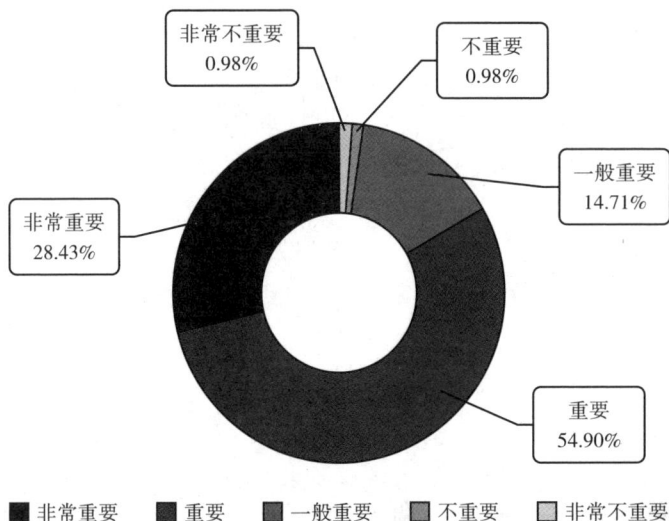

图3.12 第14题作答情况

第15题（高校外语教师应具备公开演讲、写作等能力）各位教师作答情况如图3.13。

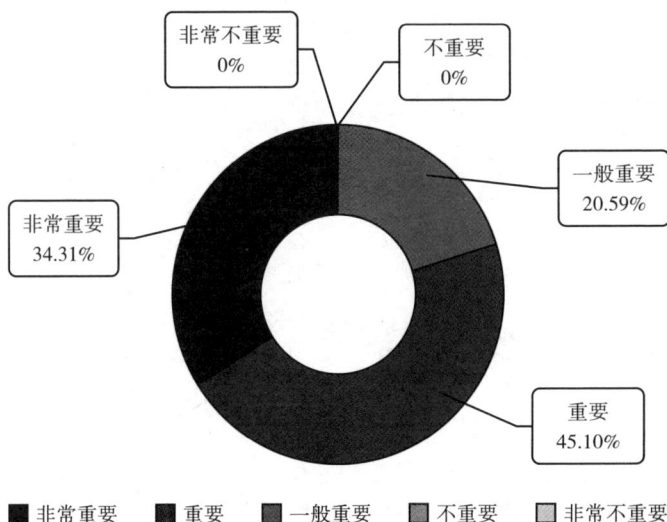

图3.13 第15题作答情况

第16题（在国际会议等对外交流场合下，高校外语教师应掌握工程、法律、医疗等跨学科口译能力）各位教师作答情况如图3.14。

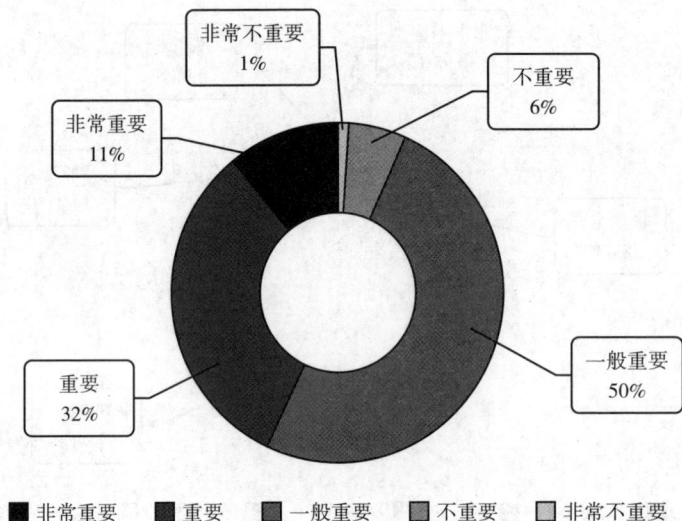

图3.14　第16题作答情况

第17题（高校外语教师应具备较强的复语应用能力）各位教师作答情况如图3.15。

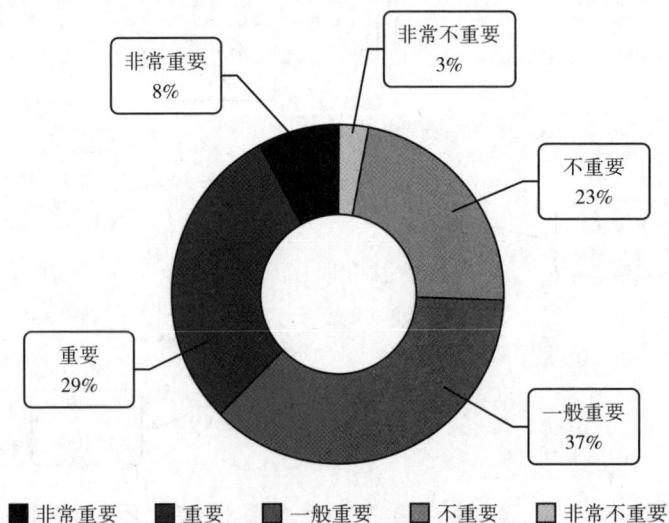

图3.15　第17题作答情况

第18题（高校外语教师应掌握制作高质量课件的能力）各位教师作答情况如图3.16。

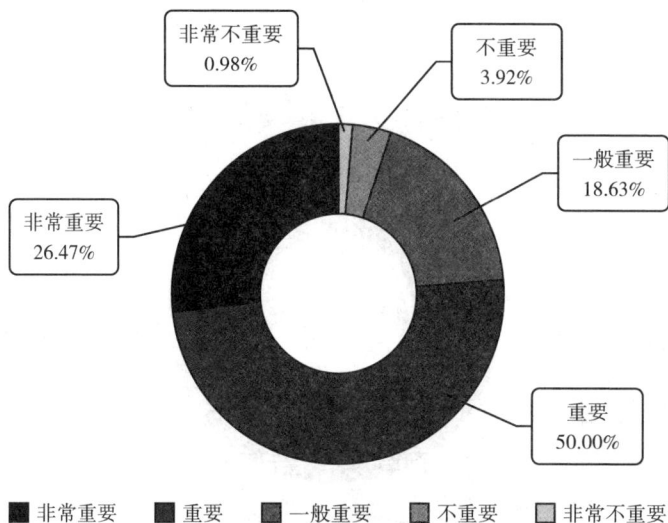

图3.16 第18题作答情况

第19题（高校外语教师应具备合理安排阶段教学目标、灵活运用教学方法的能力）各位教师作答情况如图3.17。

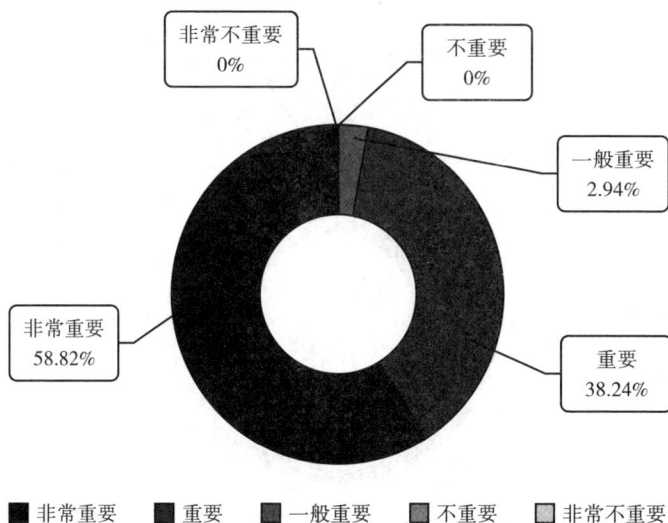

图3.17 第19题作答情况

第20题（高校外语教师应具备教学反思与教学总结分析能力）各位教师作答情况如图3.18。

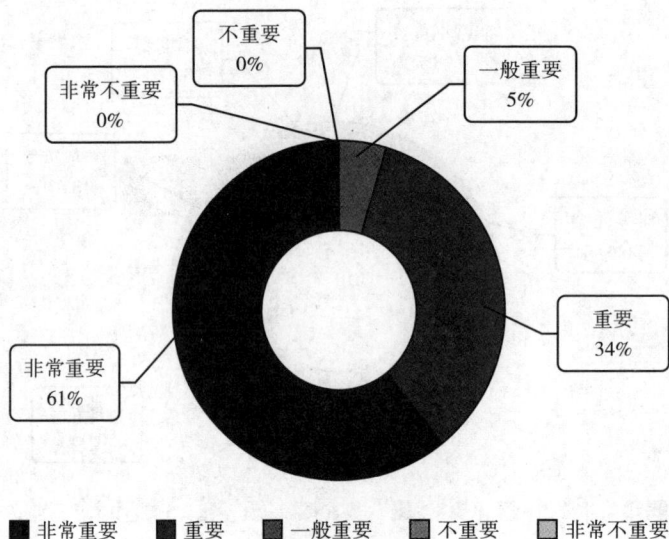

图3.18　第20题作答情况

第21题（高校外语教师应具备高效辅导学生学业的能力）各位教师作答情况如图3.19。

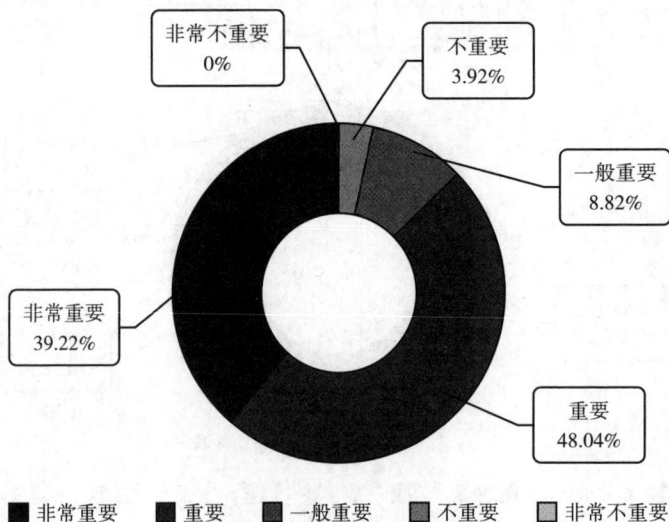

图3.19　第21题作答情况

第22题（高校外语教师应具备高质量安排教学内容和激发学生课堂积极性的能力）各位教师作答情况如图3.20。

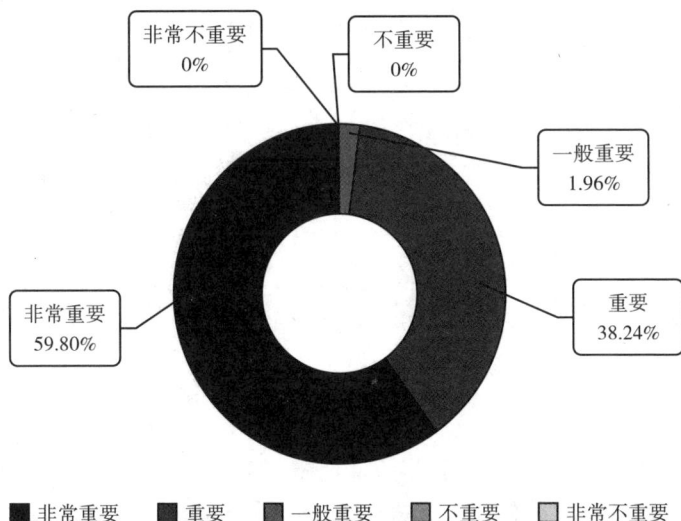

图 3.20　第 22 题作答情况

第23题（高校外语教师应具备准确有效评价学生学习情况的能力）各位教师作答情况如图3.21。

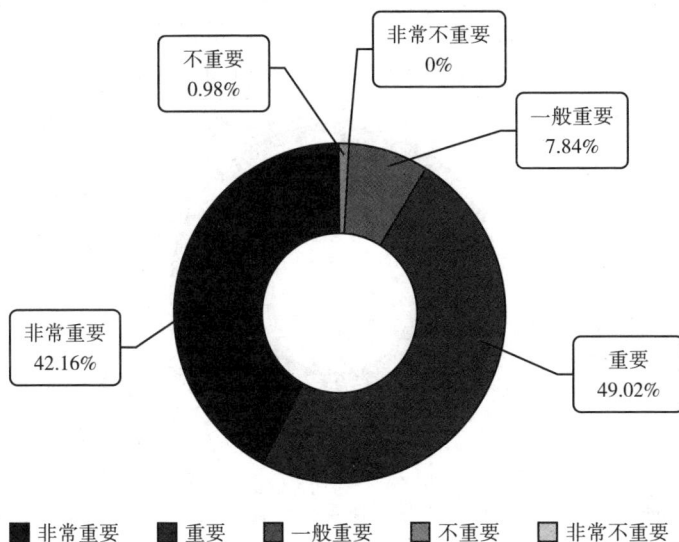

图 3.21　第 23 题作答情况

第24题（高校外语教师肩负着培养高层次人才的责任）各位教师作答情况如图3.22。

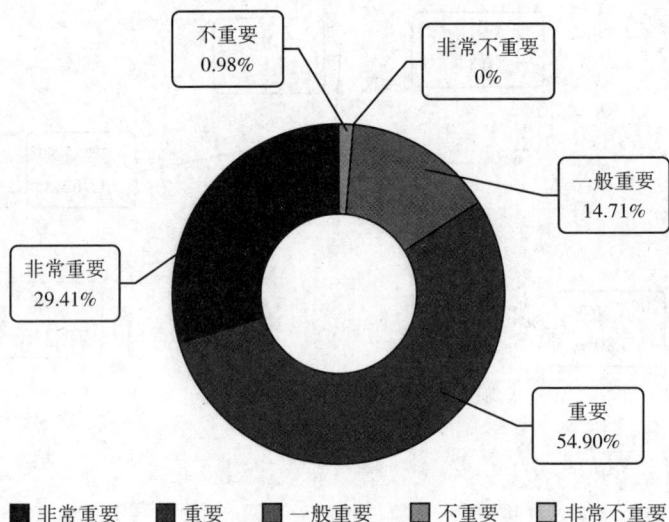

图3.22　第24题作答情况

第25题（高校外语教师肩负着促进中国与其他国家之间文明互鉴交流的责任）各位教师作答情况如图3.23。

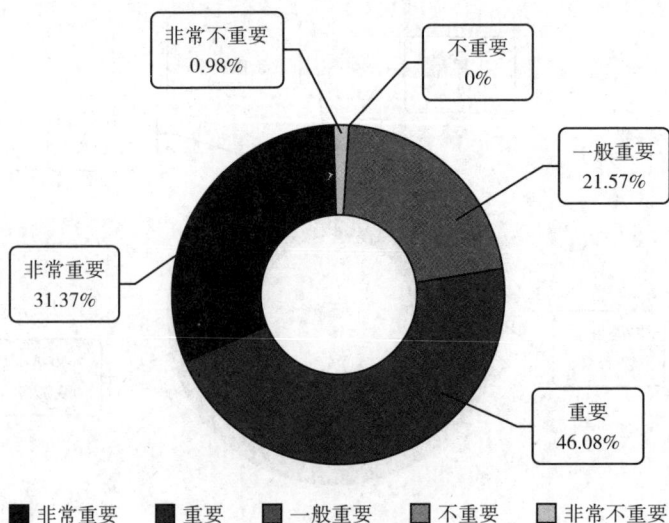

图3.23　第25题作答情况

第26题（高校外语教师应努力为国家之间的交流合作、构建人类命运共同体贡献自己的一份力量）各位教师作答情况如图3.24。

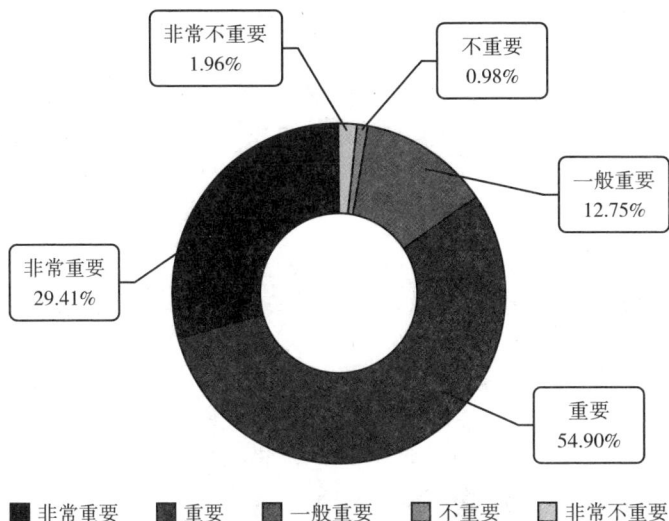

图3.24　第26题作答情况

第27题（高校外语教师肩负着改革教学内容和教学方法的责任）各位教师作答情况如图3.25。

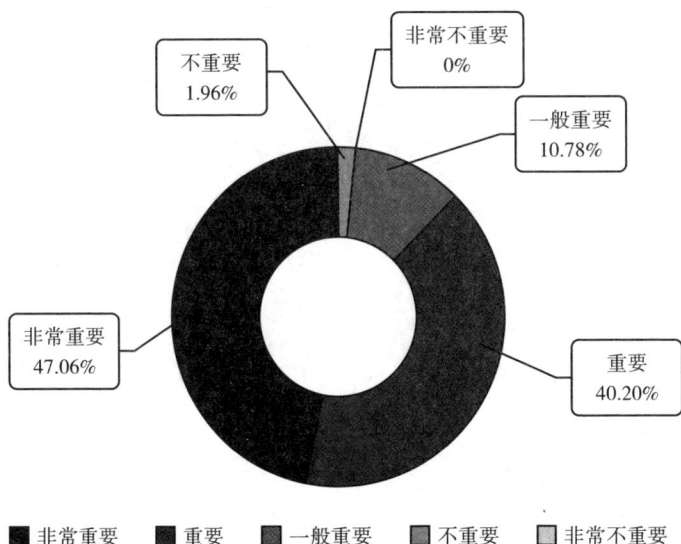

图3.25　第27题作答情况

第28题（高校外语教师肩负着为学生讲解最新的外语学科知识的责任）各位教师作答情况如图3.26。

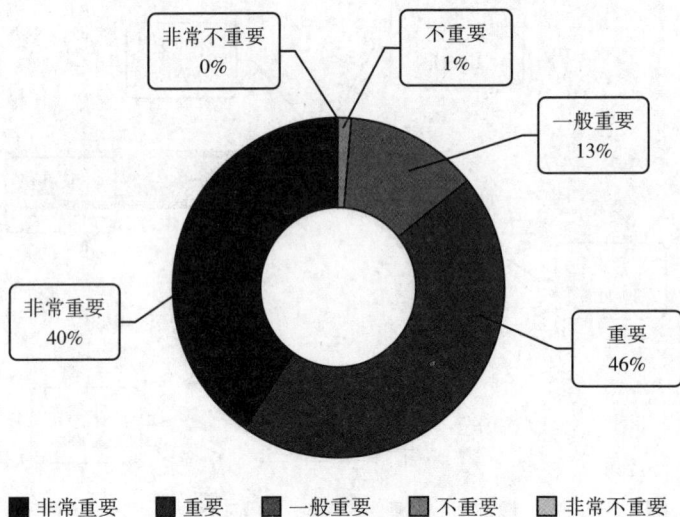

图 3.26　第 28 题作答情况

第29题（高校外语教师应在教学工作中保持公正平等的原则）各位教师作答情况如图3.27。

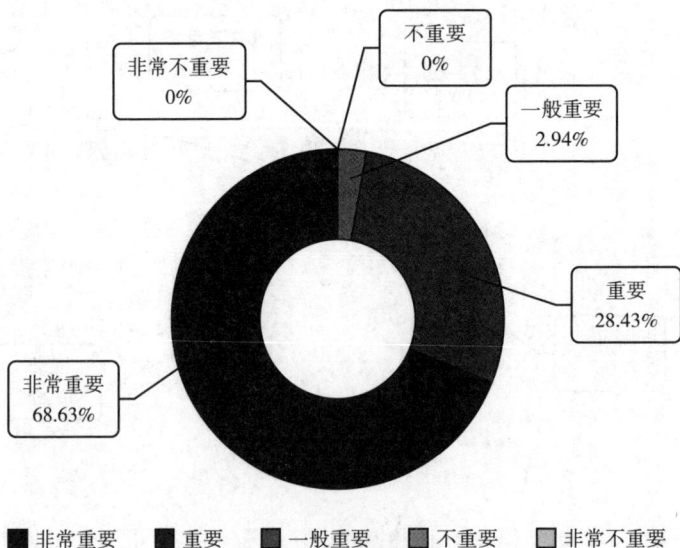

图 3.27　第 29 题作答情况

第30题（高校外语教师应热爱工作单位，积极参与学校的各项任务）各位教师作答情况如图3.28。

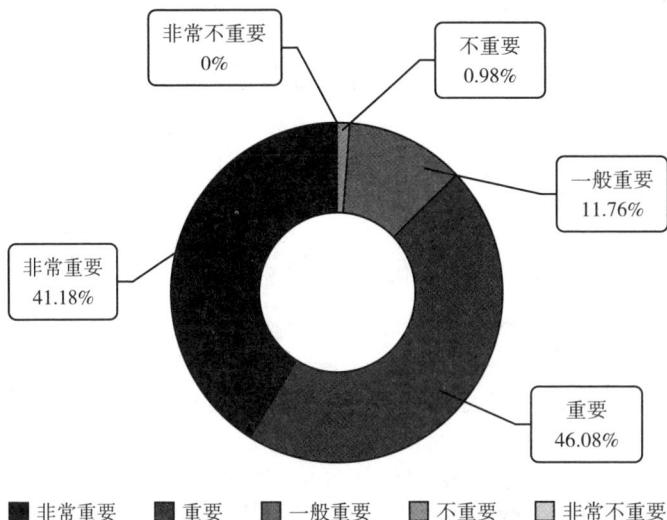

图3.28　第30题作答情况

第31题（高校外语教师应主动帮助学生，关心学生各方面情况）各位教师作答情况如图3.29。

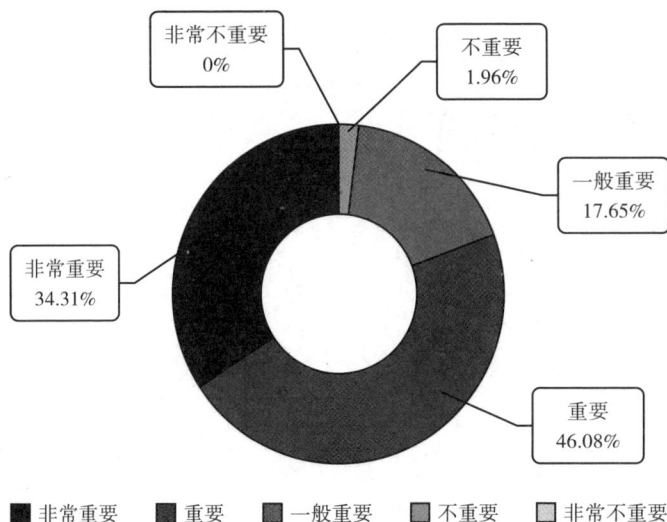

图3.29　第31题作答情况

第32题（高校外语教师在探究学问时，应持有务实、求真、严格的职业信念）各位教师作答情况如图3.30。

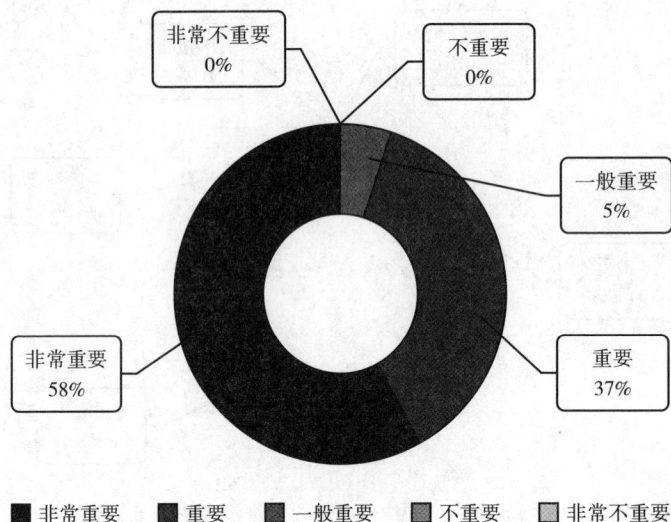

图 3.30　第32题作答情况

第33题（高校外语教师应不断地挑战困难、提升自己）各位教师作答情况如图3.31。

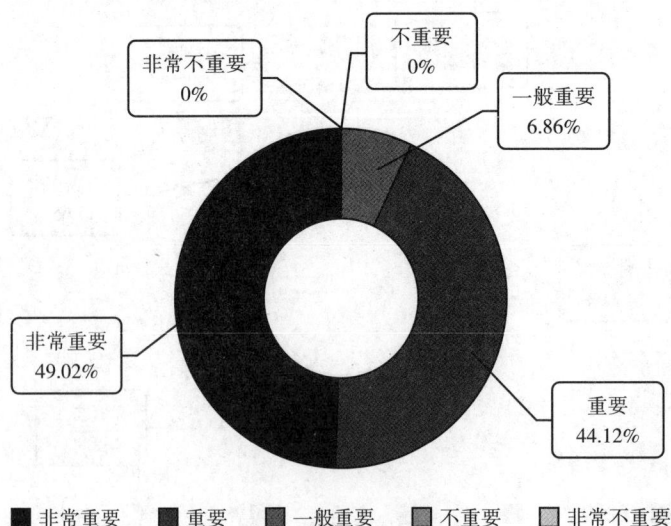

图 3.31　第33题作答情况

第34题（高校外语教师应时刻具有准备投身国家所需要的地方的思想境界）各位教师作答情况如图3.32。

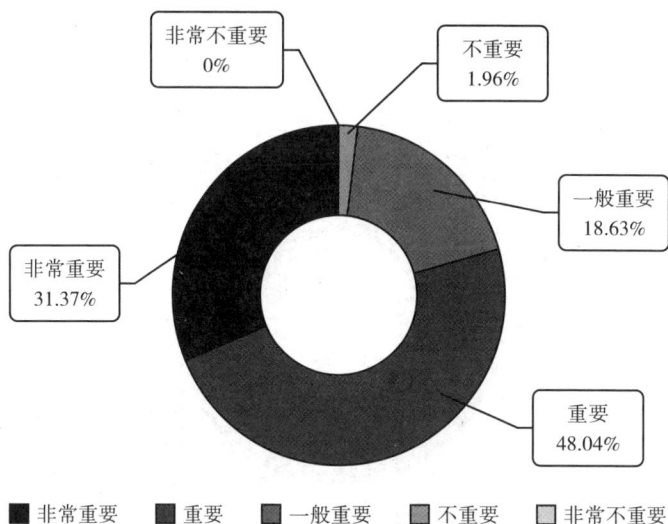

图3.32　第34题作答情况

第35题（高校外语教师应时刻怀有为教育工作而努力奋斗的理想）各位教师作答情况如图3.33。

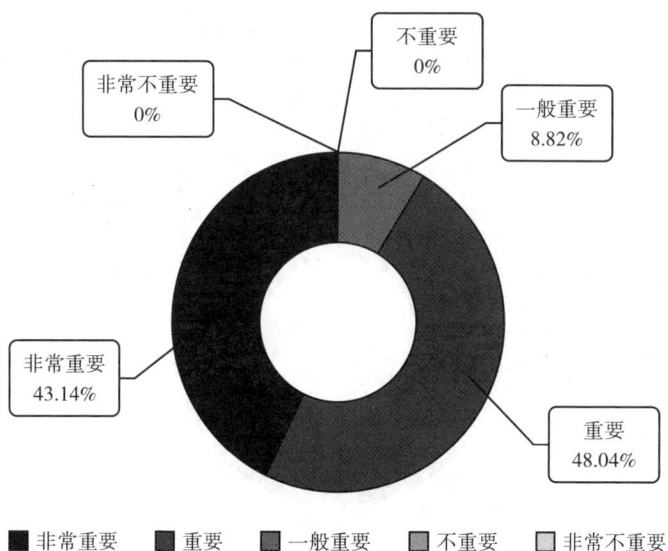

图3.33　第35题作答情况

第36题（高校外语教师在教学工作中应时刻保持开拓进取、突破新挑战的精神状态）各位教师作答情况如图3.34。

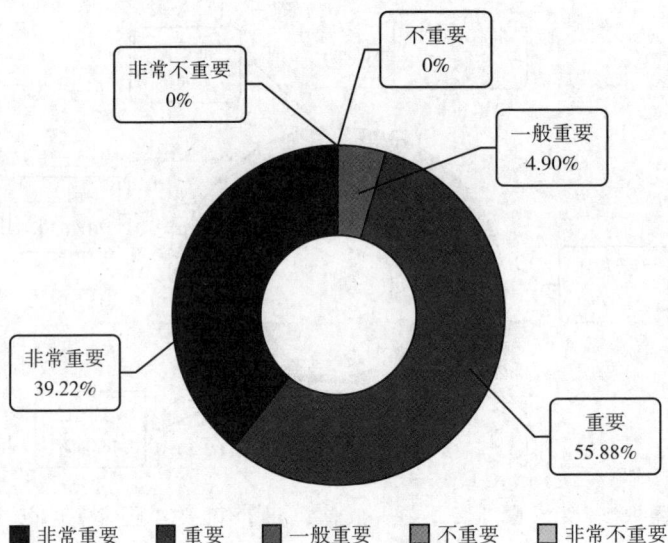

图3.34　第36题作答情况

第37题（高校外语教师应能够承担压力，勇于挑战困难，具备良好的心理素质）各位教师作答情况如图3.35。

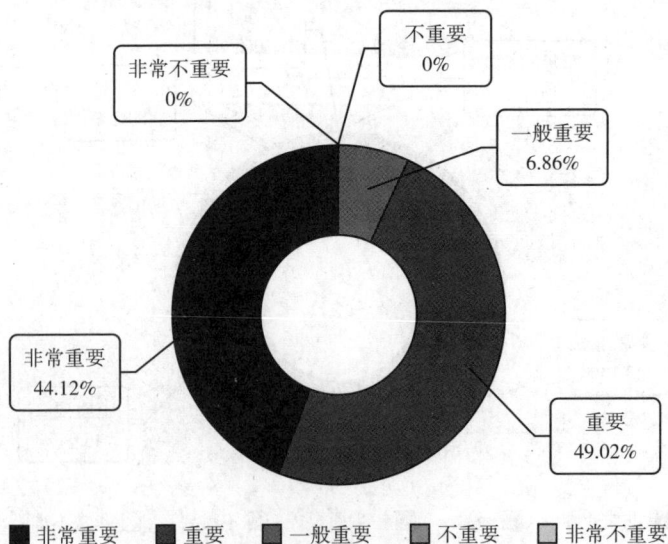

图3.35　第37题作答情况

第38题（高校外语教师应具有国际视野，树立远大的育人理想）各位教师作答情况如图3.36。

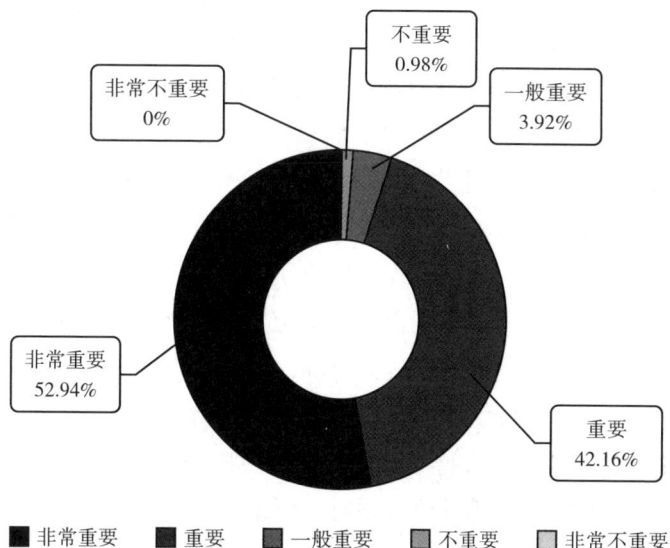

图3.36 第38题作答情况

第39题（高校外语教师应具备良好的组织管理能力，积极与一些国家的教育工作者共同开展外语教学研究）各位教师作答情况如图3.37。

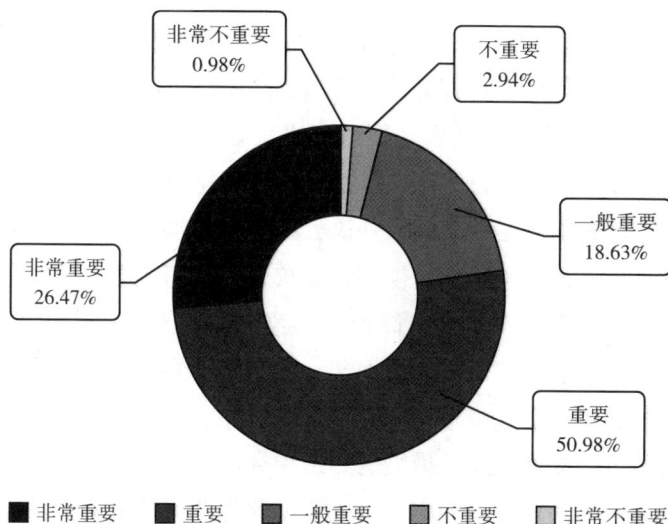

图3.37 第39题作答情况

从以上所有实证可知,"一带一路"倡议下高校外语教师胜任力模型中三级指标的设置是合理的,因而,"一带一路"倡议下高校外语教师胜任力模型是有效的,能够较好地测评出高校外语教师的胜任力水平。

◆◇ 3.4 "一带一路"倡议下高校外语教师胜任力模型的运用

"一带一路"倡议下高校外语教师胜任力模型对高校管理部门、外语学院、外语教研室和外语教师具有重要的参考和指导意义。它可以运用于高校管理部门和学院招聘外语教师过程。目前,很多高校招聘外语教师采用的是笔试、试讲、考察等方式。这些招聘方式对高校外语教师的外显胜任力(如综合知识、职业技能等)的测评较为准确,但对内隐胜任力(如职业素质中社会角色、职业动机、个人特质等)的测评存在不足之处。"一带一路"倡议下高校外语教师胜任力模型能够全面地对应聘者的胜任力进行综合测评。高校管理部门和学院在招聘外语教师时,可依据"一带一路"倡议下高校外语教师胜任力模型制定招聘条件,录取符合"一带一路"倡议下培养具备全球胜任力的国际化复合型卓越人才所需求的高校外语教师。在招聘考核过程中,高校招聘工作人员可将"一带一路"倡议下高校外语教师胜任力模型的三级指标设定相应的等级和评分标准(符合招聘岗位的标准分数),如通常设置为一级、二级、三级,相应的分数设置为2分、1分、0分。高校招聘工作人员可采用笔试、试讲和BEI(行为事件访谈)相结合的方式,对应聘者的各项胜任力三级指标进行打分,计算出每名应聘者的一级指标的总分,并将一级指标的总分利用Excel雷达图进行比较分析,总结出应聘者的综合胜任力情况,从而录取到具备优秀综合胜任力的高校外语教师。

高校外语教师培训是提升高校外语教师能力的重要环节。依据"一带一路"倡议下高校外语教师胜任力模型,高校管理部门能够全面地、有针对性地培训高校外语教师,进而提升高校外语教师的胜任力,适应"一带一路"倡议下对卓越人才的培养需求。依据"一带一路"倡议下高校外语教师胜任力模型设置的高校外语教师培训内容,具有很强的时效性。高校组织外语培训的工作人员可依据此胜任力模型的二级指标设置培训内容,定期为高校外语教师提供高水平的培训;同时,可以依据此胜任力模型测评参加培训的高校外语教师,检验培训效果,总结反馈培训内容,进一步提高高校外语教师培训的质量。

任职条件和绩效考核能够有效激励高校外语教师提升岗位胜任力。"一带一路"倡议下高校外语教师胜任力模型可以被应用到高校外语教师任职条件和绩效考核过程中。高校管理部门和外语学院应依据"一带一路"倡议下高校外语教师胜任力模型,制定符合"一带一路"倡议下高校外语教师岗位胜任力的任职条件和绩效考核标准。

设置任职条件时,在职业素养方面,可设置"积极培养'一带一路'倡议下所需求的卓越人才""具备很强的服务'一带一路'建设意识""具备较好的国际交流合作能力""善于创新、具备前瞻意识""高度热爱教学事业""学术态度严谨"等;在资历方面,可设置"到'一带一路'相关地区的国内外高校或企业进行过研修或实践"。

设置绩效考核标准时,可设置"获得过与'一带一路'倡议相关主题的外语教学竞赛奖项""高质量地完成与'一带一路'倡议相关主题的外语教学改革和科研项目""发表过与'一带一路'倡议相关主题的高水平学术论文""完成了'一带一路'共建国家的著作翻译"等选项。设定绩效等级分数时,应重视与"一带一路"倡议相关的业绩成果。在职务评审和绩效奖励分配过程中,可依据"一带一路"倡议下高校外语教师胜任力模型测评高校外语教师的职务胜任情况和绩效完成情况。

职业生涯规划和自身教学科研能力的提升,应始终伴随高校外语教师的教学生涯。"一带一路"倡议下高校外语教师的职业规划能力和胜任力的提升,应与国家卓越人才培养的目标相一致。高校外语教师可参考"一带一路"倡议下高校外语教师胜任力模型,结合自身的情况,合理制定职业生涯规划,从而完善知识结构,拓宽知识范畴,提高职业技能和素养,高质量地培养出"一带一路"倡议下具备全球胜任力的国际化复合型卓越人才。

◆〉 本章小结

本章根据"一带一路"倡议下高校外语教师胜任力模型的各级指标,编制了胜任力调查问卷——《国际合作视域下高校外语教师素质能力调查》,并对调查问卷进行了信效度分析。分析结果表明,该调查问卷具备良好的信度、内容效度和结构效度。本章对"一带一路"倡议下高校外语教师胜任力模型的二级指标和三级指标进行了检验，表明二级指标和三级指标设置合理。"一带一路"倡议下高校外语教师胜任力模型能够较好地测评出高校外语教师胜任力的水平，可运用于高校管理部门和外语学院招聘、培训、设置任职条件和绩效考核等环节。高校外语教师可参考"一带一路"倡议下高校外语教师胜任力模型提高综合胜任力，进而培养出符合"一带一路"倡议需求的具备全球胜任力的国际化复合型卓越人才。

第4章 "一带一路"倡议下高校外语教师胜任力提升对策

◆◇ 4.1 高校外语教师胜任力现状

深入调查高校外语教师胜任力现状，以及高校外语教师胜任力在综合知识、职业技能、职业素质方面存在的问题，有利于有针对性地提出"一带一路"倡议下高校外语教师胜任力提升策略，培养出"一带一路"倡议下社会需要的具备全球胜任力的国际化复合型卓越人才。本次调查采用访问访谈、网络资料查询等形式，调查对象是来自不同地区的高校外语教师，教师职称包括讲师、副教授、教授，教师获得学位包括硕士、博士。通过对"一带一路"相关地区高校外语教师的调查发现，"一带一路"倡议下高校外语教师在综合知识、职业技能、职业素养方面具有较好的胜任力，但也存在一些问题。

4.1.1 综合知识

在综合知识方面，目前，高校外语教师胜任力特征元素及存在的问题如下。

第一，绝大多数高校外语教师具备充足的外语听、说、读、写、译的理论和实践教学知识；具备完整的外语语法结构和系统的外语口语表达知识储备；精通外文文章的书写，能通过阅读大量外文文章来扩充词汇量、提升写作能力。但一部分高校外语教师不熟悉"一带一路"建设中相关公文、合同等文件的外语书写规范。

第二，在进行听、说、读、写、译课堂教学时，高校外语教师能够专业、科学、全面地讲解相关的理论知识和实践技能，很多高校的公共英语课教师经常结合全国大学英语等级考试题型为学生深入讲解听力、词汇、阅读、写作、翻译等知识点。但是，有一些高校外语教师对外语听、说、读、写、译的最新理论知识和前沿知识掌握不足。

第三，很多高校外语教师缺乏与"一带一路"建设相关的翻译经验，没有到与"一带一路"建设相关的项目单位从事翻译的实践经历；部分高校外语教师没有充足的"一带一路"倡议下最新的翻译实践知识积累；部分高校外语教师尤其是公共外语课教师与"一带一路"建设相关的口译和笔译实践经验不足。

第四，很多高校外语教师精通本专业外语，能够使用外语知识进行高质量的教学和沟通交流，但掌握"一带一路"共建国家非通用语种的人数较少，部分高校外语教师不能使用"一带一路"共建国家的官方语言进行流利沟通；很多高校外语教师没有关于第二外语教学的培训经历；绝大多数高校外语教师缺乏多语种教学能力，对第二外语教学理论和实践知识积累的重视程度不够。

第五，部分高校外语教师尤其是公共外语课教师缺乏专业外语实践知识（如机械外语、科技外语、法律外语、国际贸易外语）的储备及专业外语实践应用经验，专业外语教学和实践应用技能须进一步加强；部分高校外语教师尤其是公共外语课教师对最新的专业外语词汇积累不足，专业外语笔译和口译经验不足；部分高校外语教师的专业外语应用能力不足，无法胜任"一带一路"背景下一些教学岗位的需求。

第六，大多数高校外语教师能够通过阅读书刊报纸及浏览网络等方式来了解共建"一带一路"的理念、合作领域、目标、最新进展、政策文件，"一带一路"建设在基础设施项目、医疗卫生、能源、生物科技、电子信息、金融贸易、人文交流教育等方面取得的成果，以及教育在"一带一路"建设中所承担的使命，但到"一带一路"相关企业学习和工作的实践经历不多，对"一带一路"倡议下社会所需人才的最新胜任力信息掌握得不够全面。

第七，部分高校外语教师不了解"一带一路"共建国家的国情知识，跨文化知识储备不足，国际化视野需进一步提升，无法将跨文化知识有机融入教学过程。

第八，大多数高校外语教师有较好的中华优秀传统文化知识储备，能够用外语熟练讲解和翻译中华优秀传统文化知识，能够将中华优秀传统文化有机融合到课堂教学中。一些高校外语教师通过参加教学大赛，进一步提升了通过外语弘扬中华优秀传统文化的能力。目前,大多数高校外语教师弘扬和传播中国文化的方式是课堂教学和出版译著,仍需采取更多合理的方式来弘扬和传播中国文化和中国智慧。

第九,大多数高校外语教师都能够较好地掌握高等教育学和高等教育心理学的理论与实践知识,以及大学生学习动机理论、促进大学生学习迁移的方法、高校教师基本素质等知识,也阅读过高等教育学和高等教育心理学的相关图书。但高校外语教师还应掌握外语教育学和外语教育心理学的理论与实践知识。掌握外语教育学和外语教育心理学知识,是高校外语教师上好外语课的前提。在教学实践过程中,高校外语教师积累了很多外语教育学和外语教育心理学知识。新时代,各领域的知识更新速度非常快,外语教育学和外语教育心理学知识也在不断更新。目前,部分高校外语教师的外语专业知识深厚扎实,但明显缺乏最新的外语教育学和外语教育心理学知识,具体表现在:部分高校外语教师阅读外语教育学和外语教育心理学的图书数量不够,每周阅读相关期刊的时间也不长;部分高校外语教师参加外语教育心理学培训的次数不多;在外语教育学和外语教育心理学方面投入的研究时间不足;发表的外语教育心理学方面的论文数量不多。

第十,大多数高校外语教师能利用在线授课平台高质量讲授在线课程,能熟练应用先进的网络技术实现较好的课堂互动学习,提升线上授课质量。但部分高校外语教师对计算机应用软件知识的掌握不足,教学中融入现代化的软件技术种类不多,计算机应用软件辅助课下教学的形式比较单一化。此外,部分高校外语教师参加计算机应用软件培训的次数不多,阅读过的计算机应用软件书刊数量也不多。

4.1.2 职业技能

职业技能是"一带一路"倡议下高校外语教师胜任力模型中重要的一级指标。在"一带一路"倡议下,高校外语教师在职业技能方面有着很好的胜任要素,但同时存在一些问题。

第一,高校外语教师具备熟练应用外语进行沟通和翻译的技能,但部分高校外语教师的多语种沟通及翻译技能仍需进一步提升。高校外语教师有着较好的学术研究能力和论文创作技能,其研究成果具有较重要的价值和意义。

第二,传播中国智慧、中国方案,也是"一带一路"倡议下高校外语教师的责任。当前，部分高校外语教师在"一带一路"共建国家的期刊上发表的论文数量不多，发表国际论文的数量也不多，国际论文创作技能须进一步提升。

第三，高校外语教师有着较好的教学设计技能。绝大多数高校外语教师的教学目标明确，并且每学期都能够高质量地完成教学目标。他们在设计教学内容时，能够充分考虑到不同学生的知识需求，教学内容丰富，教学重难点突出，不仅侧重于外语理论知识的讲授，而且注重外语实践知识的应用。但部分高校外语教师将"一带一路"倡议内容融入教学设计过程的技能须进一步提升，在教学目标和教学内容的设计上应体现时代性和专业特色。高校外语教学内容应与"一带一路"倡议下的人才培养需求相匹配。参加各级别的教学大赛，能够有效地提高高校外语教师的教学设计能力，但部分高校外语教师对参加外语教学大赛的积极性不高。

第四，在备课方面，高校外语教师能够认真备课，多渠道查找资料，科学地设置教学大纲和教学日历，严谨地撰写外语教学教案，认真研究学生的外语学习情况，有针对性地设置教学环节。很多高校外语教师经常集体备课，互相交流教学经验，共同研讨教学内容。在集体备课过程中，很多教师获得了新思路和好方法，提升了自己的课前准备技能。但高校外语教师在备课过程中仍存在一些问题，如学生参与度不高、备课材料中"一带一路"建设相关内容不足、缺乏"一带一路"共建国家的文化背景知识、与"一带一路"共建国家的高校外语教师合作交流的次数不多等。

第五，在授课方面，高校外语教师能够做到认真授课，积极调动学生学习外语的热情，对教材中的重点难点讲解透彻清晰。但高校外语教师在授课过程中也存在一些问题，如部分高校外语教师采用的课堂教学方法缺乏多样性和时代性，仍以讲授法为主；部分高校外语教师将多种教学方法融入高校外语课堂的程度不足；在高校外语课堂教学过程中，部分高校外语教师启发学生技能和提升学生批判性思维能力的技能须进一步提升；等等。

第六，部分高校外语教师缺乏设计创新性和特色化的课程考核测试技能，课程考核形式单一，对学生外语内隐能力的测评考核力度不足。

第七，大多数高校外语教师具有很强的教研和科研能力，在教学研究和科学研究方面取得了很好的成果，但部分高校外语教师对"一带一路"倡议相关方面的研究不够重视，相关著作和论文数量也不多。

4.1.3　职业素质

职业素质是"一带一路"倡议下高校外语教师胜任力模型中重要的内在一级指标。"一带一路"倡议下高校外语教师在职业素质方面具备较好的胜任力。

第一，绝大多数高校外语教师都能明确自身外语知识传授者角色，能够意识到其肩负着传播中华优秀传统文化、中国智慧、中国方案的责任，能够深入开展教学研究，并将研究成果应用于教学实践。

第二，绝大多数高校外语教师的授课内容实现了外语课程智育和德育的双重目标。其不仅注重讲授外语专业知识，而且在授课过程中融入了思政元素，彰显了外语课程立德树人的功能。

第三，高校外语教师能够做到热爱教育事业、热爱学生、严谨治学，积极投入外语教学，高质量地完成教学任务。

第四，绝大多数高校外语教师既能够接受来自不同地域的教育思想、先进的国际化教学理念，尊重不同国家的文化习俗，积极传播中华优秀传统文化、中国智慧、中国方案；也能够吸收来自不同国家的优秀文化。

第五，绝大多数高校外语教师能够与其他教师保持积极的合作关系，共同备课，共同承担科学研究项目。优秀骨干教师也非常愿意分享自己的教学方法和教学技能。

第六，绝大多数高校外语教师拥有健康的心理状态，勇于挑战困难和承受压力。

部分高校外语教师在职业素质方面存在的问题主要体现在三个方面：一是缺乏创新意识和创新思维；二是课堂讲授知识点的方式缺乏创新性；三是教学内容和教学方式缺乏专业特色。

◆◇ 4.2　"一带一路"倡议下高校学生外语综合能力调查

本调查旨在了解当前高校学生外语综合能力的状况。通过对高校学生的调查，了解当前高校学生对外语听、说、读、写、译的理论知识的掌握情况和应用情况，对"一带一路"共建国家的语言的掌握情况，专业外语的学习情况，对"一带一路"倡议相关内容的了解程度，对中国文化相关内容翻译的掌握程度，上课状态和课后学习情况，参加与外语相关的课外活动的情况，等等。

对当前高校学生外语综合能力的调查，能为探究"一带一路"倡议下高校外语教师胜任力提升对策提供参考。本次调查采用线上问卷调查的形式。来自全国多个省（自治区、直辖市）的260名高校学生（包括本科生、硕士研究生和博士研究生）参与了问卷调查，他们来自沈阳理工大学、安徽建筑大学、南昌大学、皖南医学院、新疆师范大学、兰州大学、厦门大学、中山大学、辽宁大学、北京理工大学、内蒙古科技大学、内蒙古民族大学、玉林师范学院、佳木斯大学等高校。本次调查的高校学生主要学习的外语语种不仅有英语，还有日语等，专业包括机械设计制造及其自动化、工商管理、机械电子工程、国际经济与贸易、人工智能应用技术、网络空间安全、数据科学与大数据技术、小学教育、软件工程、医学影像学、设施农业科学与工程、生物技术、车辆工程、设计学、新闻学、资源勘探、船舶与海洋工程等。以上内容确保了调查内容的广泛性、代表性。本次调查的调查问卷分为两部分，第一部分为高校学生的基本情况，第二部分为高校学生外语综合能力情况。调查问卷的内容如下。

"一带一路"倡议下高校学生外语综合能力调查

为满足"一带一路"倡议下高校外语教师胜任力项目研究的需求，辛苦各位同学填写"一带一路"倡议下高校学生外语综合能力调查问卷。本次调查问卷采用匿名形式，答案选项也无对错之分，请各位同学放心、认真、如实作答。问卷中的"外语"指的是大家目前所学的主要外语语种（如英语、日语、俄语、德语、法语等）。您的如实作答对本项目的研究至关重要，感谢各位同学的帮助。

目前，"一带一路"共建国家国际合作逐渐加强。在共建"一带一路"高质量发展时期，急需具备综合胜任力和跨文化知识的复合型人才。优秀的外语综合能力是"一带一路"倡议下卓越人才必备的能力之一。现对"一带一路"倡议下高校学生外语综合能力展开调查。辛苦各位同学如实作答！

1. 您所在的学习阶段是？（本科生、硕士研究生、博士研究生）[填空题] *

2. 您目前就读学校的名称是? (辛苦各位同学写学校的全称) [填空题] *

_____

3. 您学习的主要外语语种是? (英语、日语、法语、俄语、德语) [填空题] *

_____

4. 您的专业名称是? (辛苦各位同学写自己专业的全称) [填空题] *

_____

5. 您掌握所学外语的听说基本理论知识了吗? [单选题] *
○完全掌握
○基本掌握
○还未掌握

6. 您能够听懂所学外语的新闻听力材料和讲座等听力内容吗? [单选题] *
○完全能够听懂
○能够听懂一些
○听不懂

7. 您能够使用所学外语进行流利的沟通交流吗? [单选题] *
○完全能够交流
○能够交流一些
○不能够交流

8. 您掌握所学外语的读写基本理论知识了吗? [单选题] *
○完全掌握
○基本掌握
○还未掌握

9. 您能够读懂各种题材的外语书刊吗? [单选题] *
○完全能够读懂
○能够读懂一些
○不能够读懂

10. 您写外语作文时,能够做到语法正确、用词准确、有多种句式结构、主题贴切吗? [单选题] *
○完全能够
○大部分能够
○不能够

11. 您掌握所学外语的翻译基本理论知识了吗？［单选题］*

○完全掌握

○基本掌握

○还未掌握

12. 在高校里，您除了学习过（英语、俄语、德语、法语、日语）外，还学习过其他"一带一路"共建国家的语言吗？［单选题］*

○学习过

○未学习过

13. 您了解所学外语国家人们的日常交流用语习惯吗？［单选题］*

○了解

○不了解

14. 您掌握专业外语（如机械外语、法律外语、旅游外语、经贸外语等）知识吗？［单选题］*

○已经掌握

○还未掌握

15. 您了解"一带一路"倡议的相关内容吗？［单选题］*

○非常了解

○一般了解

○不了解

16. 您了解"一带一路"共建国家的文化、历史、习俗等知识吗？［单选题］*

○非常了解

○一般了解

○不了解

17. 您会用外语准确地翻译中国文化吗？［单选题］*

○完全会用

○掌握一些

○不会用

18. 您会用外语规范地书写各类公文应用文件吗？［单选题］*

○完全会用

○掌握一些

○不会用

19. 您会用多语种（两门及以上外语）进行有效交流沟通吗？［单选题］*

○会用

○不会用

20. 您使用外语在国际期刊上发表过论文吗？［单选题］*

○发表过

○未发表过

21. 您经常阅读外语书刊吗？［单选题］*

○经常阅读

○很少阅读

22. 您在外语课堂上经常使用外语积极参与课堂话题讨论吗？［单选题］*

○经常参与

○很少参与

23. 您在课下经常向外语教师请教外语问题吗？［单选题］*

○经常请教

○很少请教

24. 您经常使用外语讲述中国文化吗？［单选题］*

○经常讲述

○很少讲述

25. 您有使用外语进行社会实践或者使用外语到用人单位实习的经历吗？［单选题］*

○有

○没有

26. 您参加过文化、教育、学术等方面的中外交流活动吗？［单选题］*

○参加过

○没有参加过

27. 您在学习外语时，保持着严谨治学、努力刻苦的学习态度吗？［单选题］*

○是的

○没有

28. 您在学习外语时，有明确的长期学习目标和短期学习目标吗？[单选题] *

〇有

〇没有

29. 您在外语学习过程中具有创新意识吗？[单选题] *

〇具有

〇不具有

30. 在共建"一带一路"高质量发展时期，您认为高校学生在外语方面还应该具备哪些综合能力？[填空题]

第5题"您掌握所学外语的听说基本理论知识了吗？"学生作答情况如图4.1。完全掌握的学生占比为13.08%，78.46%的学生基本掌握了外语的听说基本理论知识，还有8.46%的学生未很好地掌握。为此，高校外语教师应及时学习最新的外语听说基本理论知识，掌握讲解外语听说基本理论知识的教学方法，不断扩充学生的外语听说基本理论知识。针对外语听说基本理论知识比较薄弱的学生，高校外语教师应进行课下辅导，提升这部分学生对外语听说基本理论知识学习的兴趣。此外，高校外语教师应为学生推荐最新的外语听说基本理论知识相关书刊。

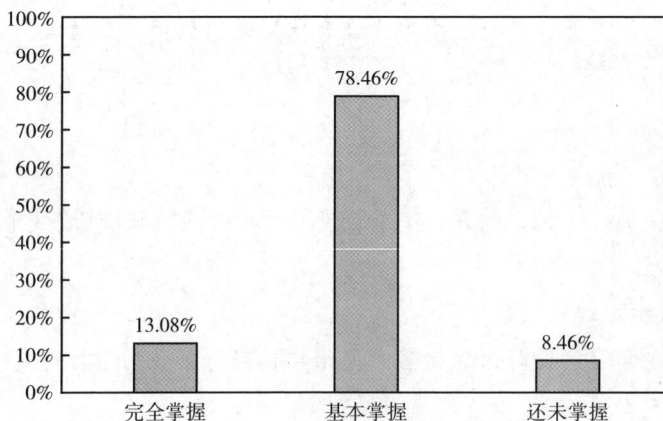

图4.1 第5题学生作答情况

　　第6题"您能够听懂所学外语的新闻听力材料和讲座等听力内容吗?"学生作答情况如图4.2。完全能够听懂的学生占比为10.38%,78.85%的学生能够听懂一些,还有10.77%的学生听不懂。为此,高校外语教师须进一步找到学生听不懂听力材料的原因,如词汇量问题、语速问题、对听力原文的理解问题、语音语调问题等。针对不同学生听力应用能力不同的情况,高校外语教师应给予学生准确细致的辅导,提升听力应用讲解技能,探索提升学生听力能力的教学方法,不断提升学生的听力应用能力。在听力课堂上,高校外语教师应指导学生精听不同领域(包括经济、教育、文化、历史、科技等)的听力新闻和讲座等听力材料,同时要加强听写练习。高校外语教师也可以在课堂上增加大学外语等级考试的听力材料,指导高校学生进行听力练习。

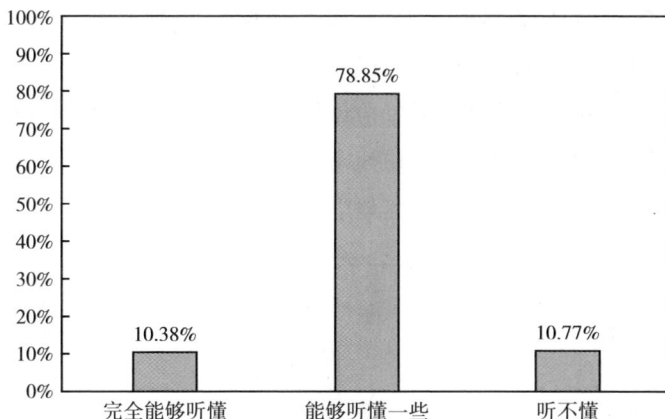

图4.2　第6题学生作答情况

　　第7题"您能够使用所学外语进行流利的沟通交流吗?"学生作答情况如图4.3。完全能够交流的学生占比为10.00%,71.92%的学生能够进行一些沟通交流,还有18.08%的学生不能够使用所学外语进行流利的沟通交流。为此,高校外语教师应提高外语口语教学技能,在课堂上鼓励学生使用外语进行话题讨论,在课下为学生布置一定的口语练习作业,帮助学生掌握标准的外语语音语调及外语口语常用句型和词汇。高校外语教师可在班级内定期组织学生开展外语口语话题讨论,进一步提高学生的外语口语交流能力。此外,高校外语教师还可以为学生推荐一些外语口语相关的书刊和在线外语口语课程。

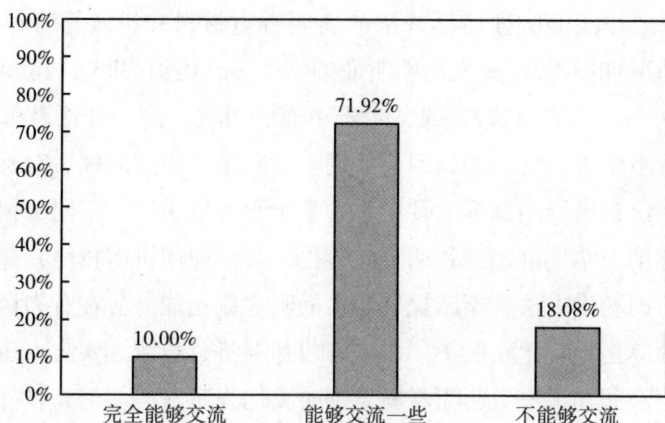

图4.3 第7题学生作答情况

第8题"您掌握所学外语的读写基本理论知识了吗?"学生作答情况如图4.4。完全掌握所学外语的读写基本理论知识的学生占比为12.31%,76.54%的学生基本掌握了所学外语的读写基本理论知识,还有11.15%的学生尚未掌握。为此,高校外语教师应增加各种题材外语材料的阅读量,掌握最新的各类外语题材写作技巧;应经常阅读最新的关于外语读写基本理论知识的文献;应提高对外语读写基本理论知识的教学讲解技能。

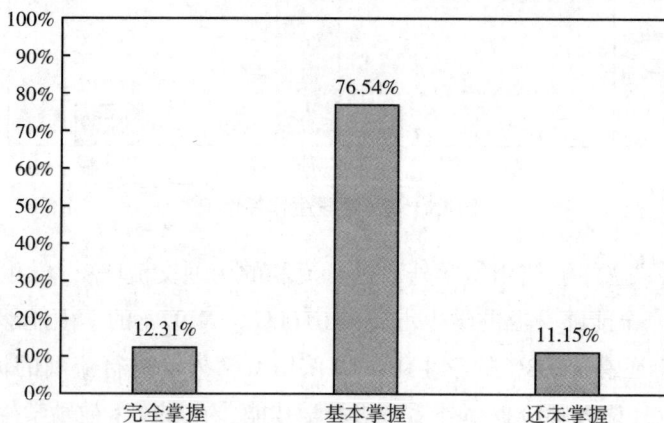

图4.4 第8题学生作答情况

第9题"您能够读懂各种题材的外语书刊吗?"学生作答情况如图4.5。完全能够读懂各种题材的外语书刊的学生占比为8.85%,75.77%的学生能够读懂一些外语书刊,还有15.38%的学生不能够读懂外语书刊。为此,高校外语教师应加强对学生阅读能力的提升,培养学生保持深层次阅读的习惯。

在指导学生阅读时，应为学生选择不同题材的阅读材料，帮助学生分析阅读材料中的语法句型结构，讲解重点词汇的应用，指导学生应用外语进一步解读阅读材料。同时，可以将阅读材料分为精读与泛读，提升学生快速提取外语阅读材料主要信息的能力。在指导学生进行外语阅读时，高校外语教师要详细地为学生讲解背景文化知识，加强学生的跨文化理解力；应督促学生做好阅读笔记，并定期为学生布置阅读任务，定期为学生推荐外语阅读书刊，并鼓励学生使用外语进行阅读分享；应定期开展与外语阅读内容相关的话题讨论，提升学生的批判性思维和思辨能力；应使用在线阅读提交程序，督促学生保持长期阅读外语书刊的好习惯。

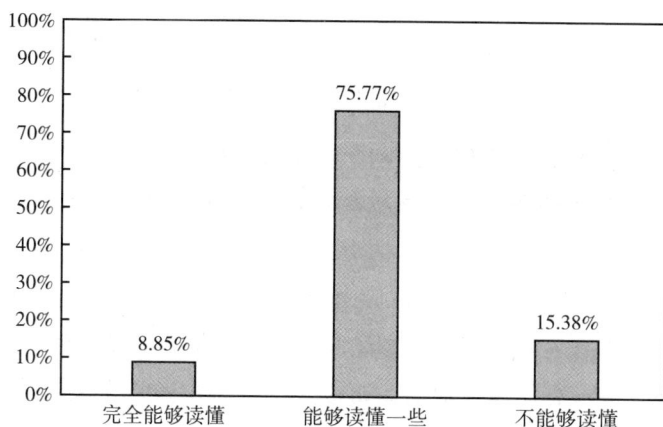

图4.5 第9题学生作答情况

第10题"您写外语作文时，能够做到语法正确、用词准确、有多种句式结构、主题贴切吗？"学生作答情况如图4.6。完全能够做到的学生占比为10.00%，67.69%的学生能够做到大部分，22.31%的学生在写作文时不能够做到语法正确、用词准确、有多种句式结构、主题贴切。为此，高校外语教师应加强对外语语法知识的讲解，使学生精通外语的语法句型结构；应为学生讲解记忆外语词汇的方法，提高学生的外语词汇量；应在班级内举办线上或线下词汇大赛，提高学生学习外语词汇的热情；应为学生详细讲解议论文、记叙文等外语作文的写作技巧，讲授作文的构思、段落安排、词汇选用及应用文的书写规范等；应定期为学生布置作文作业并及时批改，纠正学生作文中出现的语法、词汇、句型结构等问题；应在班级内举行作文大赛，评选出优秀作文，提高学生的外语写作兴趣；应选择大学外语等级考试的相关试题供学生练习外语写作。

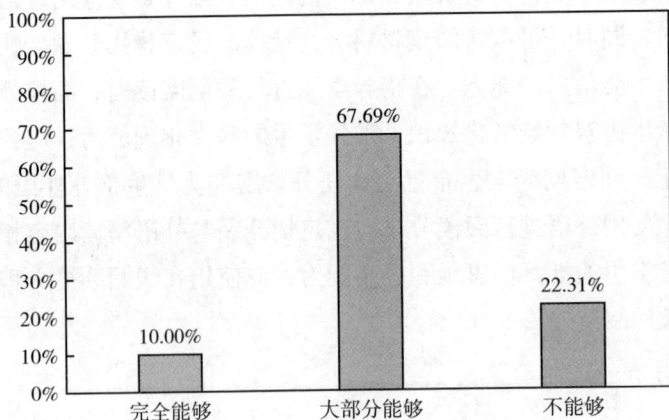

图4.6　第10题学生作答情况

　　第11题"您掌握所学外语的翻译基本理论知识了吗?"学生作答情况如图4.7。完全掌握所学外语的翻译基本理论知识的学生占比为8.46%,72.69%的学生基本掌握所学外语的翻译基本理论知识,仍有18.85%的学生尚未掌握所学外语的翻译基本理论知识。为此,高校外语教师应多阅读有关翻译理论的文献,多听有关翻译理论的讲座,及时补充最新的翻译理论知识;应在课堂上为学生讲解翻译理论知识,如常见的翻译方法(增词法、减词法、词性转换法、意译法和直译法等);应定期为学生推荐相关翻译理论书刊和在线翻译理论课程。

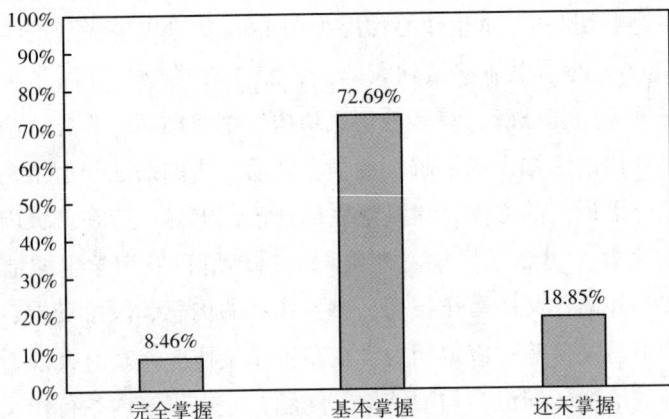

图4.7　第11题学生作答情况

第12题"在高校里，您除了学习过（英语、俄语、德语、法语、日语）外，还学习过其他'一带一路'共建国家的语言吗？"学生作答情况如图4.8。其中，23.46%的学生学习过，76.54%的学生未学习过。为此，高校管理部门应积极增设"一带一路"共建国家外语课程，积极为高校外语教师提供"一带一路"共建国家外语知识的相关培训。高校外语教师应积极学习"一带一路"共建国家的外语知识，积极鼓励学生经常与来自"一带一路"共建国家的留学生沟通交流；应为学生推荐"一带一路"共建国家的外语书刊和在线课程；应积极鼓励学生选修跨校"一带一路"共建国家外语类课程。

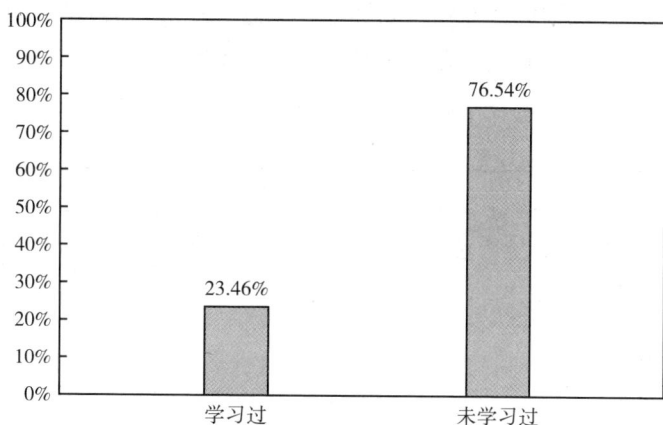

图4.8 第12题学生作答情况

第13题"您了解所学外语国家人们的日常交流用语习惯吗？"学生作答情况如图4.9。34.23%的学生了解所学外语国家人们的日常交流用语习惯，

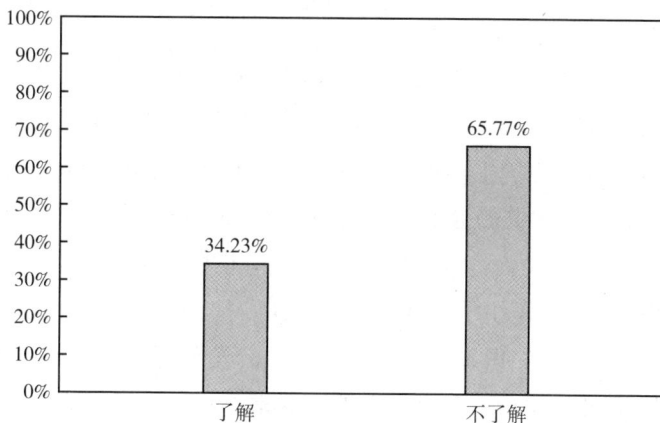

图4.9 第13题学生作答情况

65.77%的学生不了解。为此，高校外语教师应多积累所教外语国家的谚语、日常交流词汇等内容，大量阅读最新的原版外语书刊，掌握最新的外语日常交流用语词汇。同时，要在课堂上多为学生讲解外语谚语、外语日常交流词汇等内容。

第14题"您掌握专业外语（如机械外语、法律外语、旅游外语、经贸外语等）知识吗？"学生作答情况如图4.10。17.69%的学生掌握了专业外语知识，82.31%的学生尚未掌握专业外语知识。为此，高校管理部门应积极开设专业外语课程，增加专业外语课程授课学时。高校外语教师应积极学习专业外语知识，观摩优秀专业外语课程，提升专业外语的教学技能；应积极与其他专业教师合作制定专业外语教学大纲，编写专业外语教材，共同研究专业外语授课内容，提升专业外语课程的应用性。

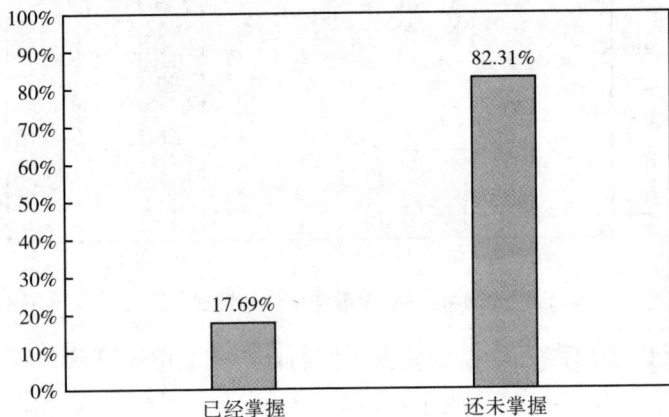

图4.10　第14题学生作答情况

第15题"您了解'一带一路'倡议的相关内容吗？"学生作答情况如图4.11。15.77%的学生非常了解"一带一路"倡议的相关内容，62.69%的学生了解一些，21.54%的学生不了解。为此，高校管理部门应积极举办与"一带一路"倡议内容相关的专业学术讲座、中外文化交流活动，增进学生对"一带一路"倡议相关内容的了解。同时，应积极与同"一带一路"倡议相关的企业保持合作，组织学生到"一带一路"建设相关企业实习，使学生进一步了解"一带一路"倡议下所学专业领域的发展情况。高校外语教师应将"一带一路"建设相关内容有机融入外语课堂，使学生了解共建"一带一路"相关政策、各领域的发展情况。同时，应督促学生多听外语新闻，多阅读外语报刊，及时了解共建"一带一路"的最新进展。

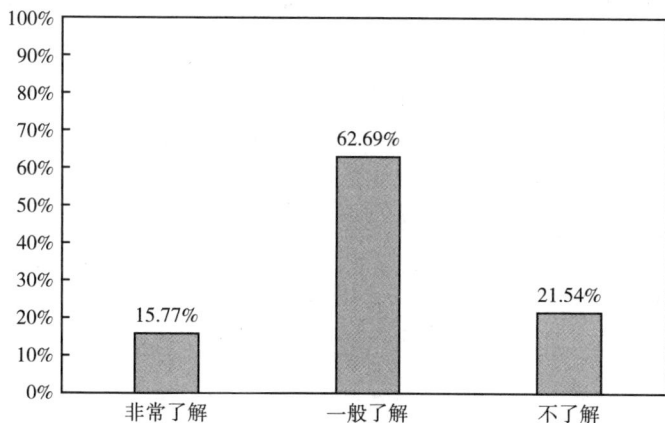

图4.11　第15题学生作答情况

第16题"您了解'一带一路'共建国家的文化、历史、习俗等知识吗?"学生作答情况如图4.12。14.23%的学生非常了解"一带一路"共建国家的文化、历史、习俗等知识，62.69%的学生了解一些，23.08%的学生不了解。为此，高校外语教师应将"一带一路"共建国家的文化、历史、习俗等知识有机融入外语课堂，提高学生的跨文化理解能力。同时，要为学生布置与"一带一路"相关的外语演讲作业。

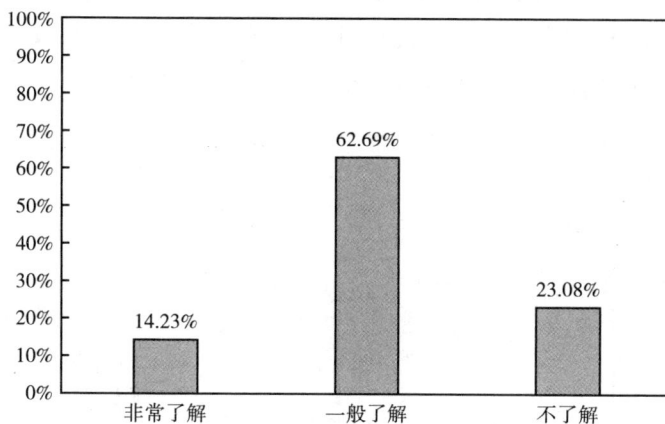

图4.12　第16题学生作答情况

第17题"您会用外语准确地翻译中国文化吗?"学生作答情况如图4.13。10.00%的学生完全会用外语准确地翻译中国文化，68.85%的学生掌握一些用外语翻译中国文化的方法，21.15%的学生不会用外语翻译中国文化。为此，在高校外语课堂上，高校外语教师应定期指导学生进行中国文化翻译的练习，细致讲解翻译的步骤，先分析句式结构，确定好句子的主干，再选择合适的外语词汇，并引导学生尝试使用多种方法和词汇翻译汉语文章；应选择大学外语等级考试中的翻译试题作为讲授材料，指导学生进行关于中国文化的翻译练习；应在班级内举办中国文化翻译大赛，评选出优秀的译文，提高学生翻译中国文化的能力。

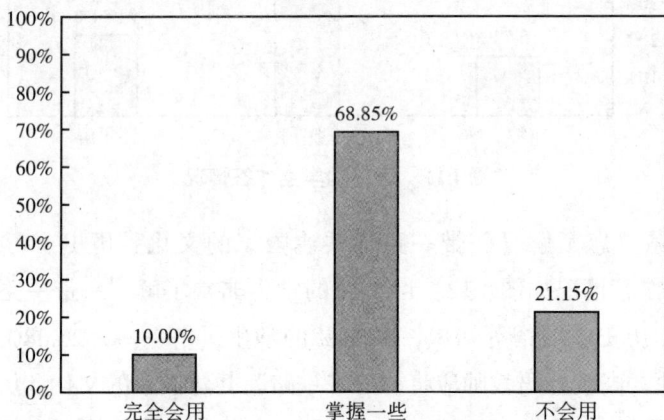

图4.13 第17题学生作答情况

第18题"您会用外语规范地书写各类公文应用文件吗?"学生作答情况如图4.14。8.46%的学生完全会用外语规范地书写各类公文应用文件，59.23%的学生掌握一些用外语书写各类公文应用文件的方法，32.31%的学

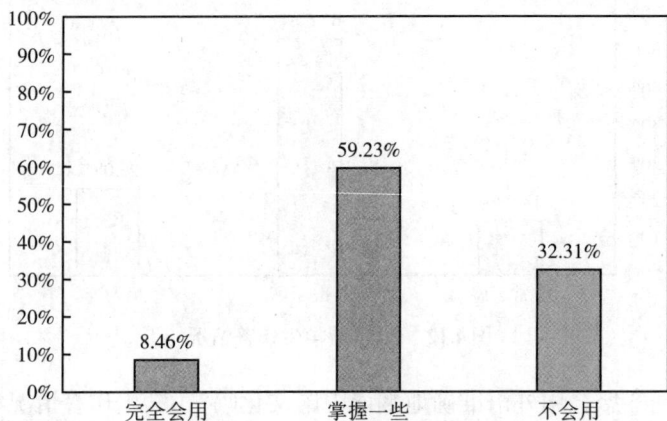

图4.14 第18题学生作答情况

生不会用外语规范地书写各类公文应用文件。为此，高校管理部门应为学生增设外语写作课。在外语写作课上，高校外语教师应为学生讲解各类外语公文应用文件（如项目合同文件等）的书写规范和写作内容。

第 19 题"您会用多语种（两门及以上外语）进行有效交流沟通吗?"学生作答情况如图 4.15。20.77% 的学生会用多语种（两门及以上外语）进行有效交流沟通，79.23% 的学生不会。为此，高校外语教师应鼓励学生积极掌握第二外语。

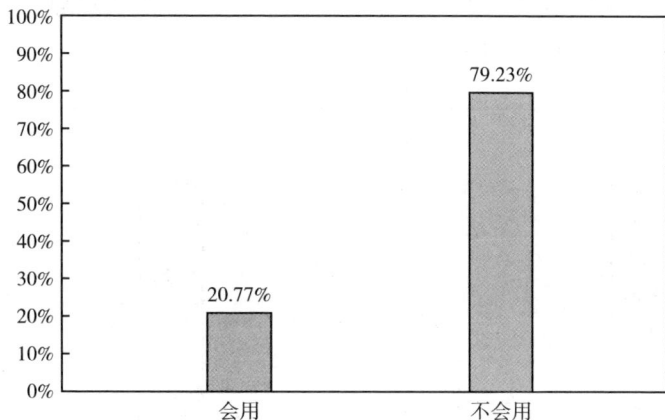

图 4.15　第 19 题学生作答情况

第 20 题"您使用外语在国际期刊上发表过论文吗?"学生作答情况如图 4.16。7.69% 的学生使用外语在国际期刊上发表过论文，92.31% 的学生没有使用外语在国际期刊上发表过论文。为此，高校外语教师应积极提高使用外

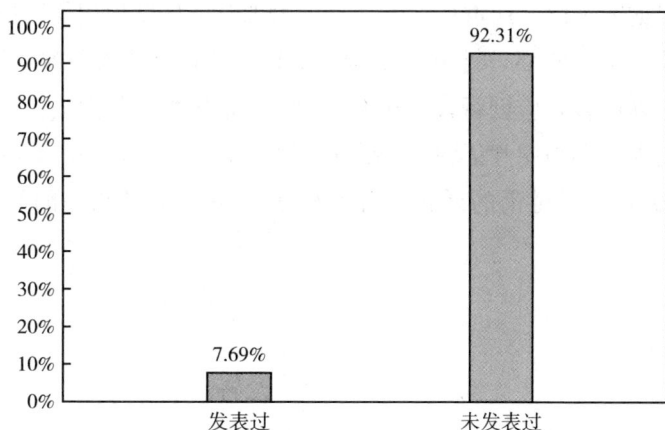

图 4.16　第 20 题学生作答情况

语在国际期刊上发表论文的技能，经常阅读"一带一路"共建国家期刊上的文献；应邀请学生一起进行科研，共同开展与"一带一路"相关的专业领域科研工作；指导学生将科研成果撰写成外语论文，帮助学生构思论文的写作框架，指导学生在"一带一路"共建国家的期刊上发表论文。

第21题"您经常阅读外语书刊吗？"学生作答情况如图4.17。20.38%的学生经常阅读外语书刊，79.62%的学生平时很少阅读。为此，高校外语教师应定期为学生推荐外语书刊，引导学生养成做外语书刊阅读笔记的习惯。同时，应定期选择不同领域（如经济、体育、艺术、跨文化等）的外语书刊文章，让学生在课下进行阅读。

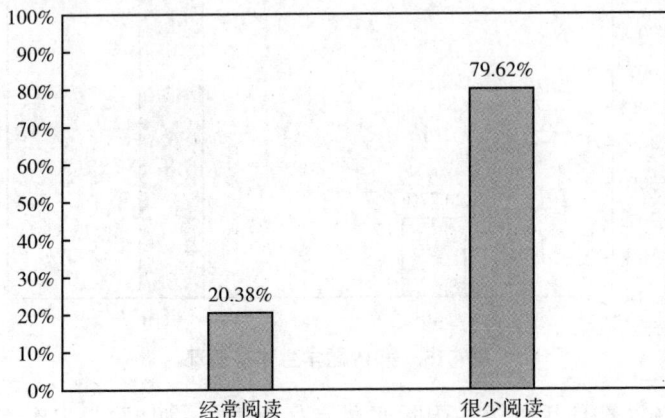

图4.17　第21题学生作答情况

第22题"您在外语课堂上经常使用外语积极参与课堂话题讨论吗？"学生作答情况如图4.18。38.46%的学生在外语课堂上经常使用外语积极参与课堂话题讨论，61.54%的学生在外语课堂上很少使用外语参与课堂话题讨论。为此，高校外语教师应创新教学模式。例如，采用项目教学法，充分调动高校学生使用外语参与课堂话题讨论的积极性。此外，高校外语教师可在课前布置好课堂上需要讨论的话题，并为学生讲解与话题相关的外语词汇和句型。

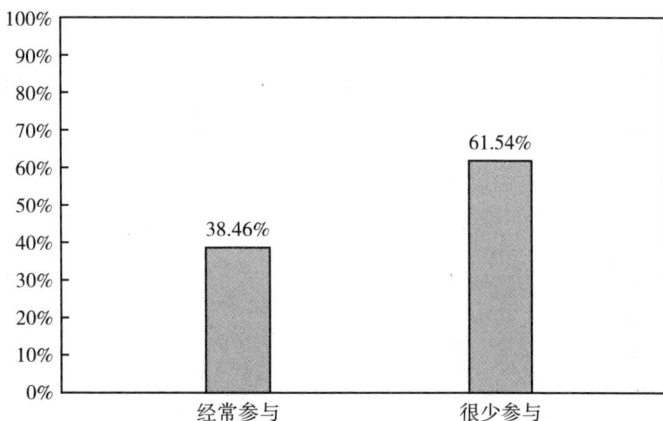

图4.18 第22题学生作答情况

第23题"您在课下经常向外语教师请教外语问题吗?"学生作答情况如图4.19。28.08%的学生经常请教,71.92%的学生很少请教。为此,高校外语教师应提高辅导答疑课的质量和效率。在辅导答疑课上,高校外语教师应耐心、细致、有创新性地为学生提供指导,督促学生在学习过程中发现问题,并及时采用正确的学习方法解决问题。

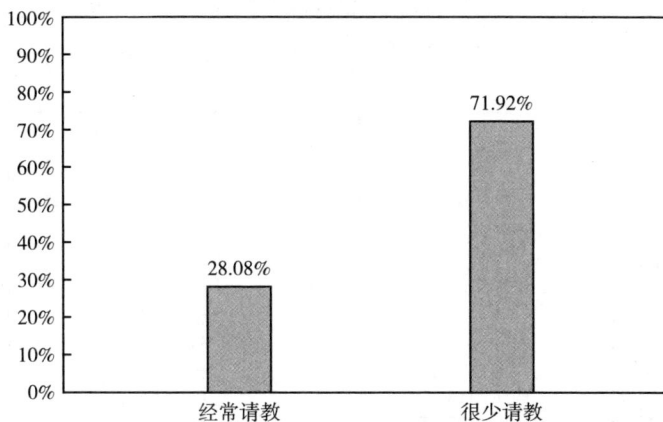

图4.19 第23题学生作答情况

第24题"您经常使用外语讲述中国文化吗?"学生作答情况如图4.20。23.08%的学生经常使用外语讲述中国文化,76.92%的学生很少使用外语讲述中国文化。为此,高校外语教师应将中国文化有机融入外语课堂,为学生布置有关中国文化的外语演讲作业,鼓励学生阅读有关中国文化的外语书刊。

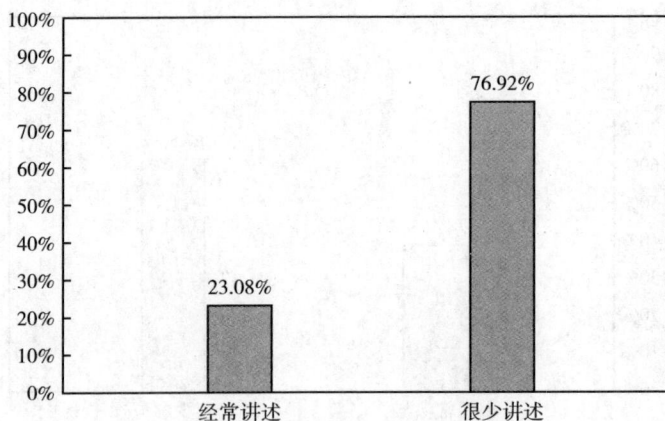

图4.20　第24题学生作答情况

第25题"您有使用外语进行社会实践或者使用外语到用人单位实习的经历吗？"学生作答情况如图4.21。18.85%的学生有过使用外语进行社会实践或者使用外语到用人单位实习的经历，81.15%的学生没有。为此，高校管理部门应积极拓展与各类用人单位的合作，为学生提供更多的使用外语进行社会实践或者使用外语到用人单位实习的机会。同时，应积极督促学生充分利用假期时间使用外语进行社会实践或者使用外语到用人单位实习。在实习过程中，学生可进一步提升外语口语应用技能。

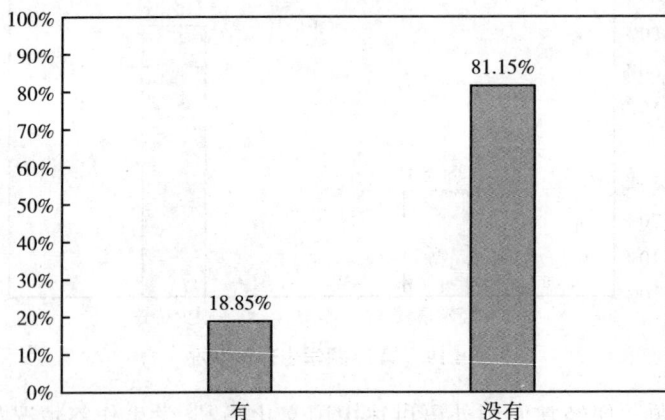

图4.21　第25题学生作答情况

第26题"您参加过文化、教育、学术等方面的中外交流活动吗？"学生作答情况如图4.22。26.15%的学生参加过文化、教育、学术等方面的中外交流活动，73.85%的学生没有参加过。为此，高校管理部门应积极举办与

"一带一路"建设内容相关的文化、教育、学术等方面的中外交流活动。同时，高校外语教师应积极鼓励学生参加与"一带一路"相关的文化、教育、学术等方面的中外交流活动，并在活动中鼓励学生使用外语讲述中国文化、弘扬中国文化、传播中国智慧，促进"一带一路"共建国家的文明互鉴。

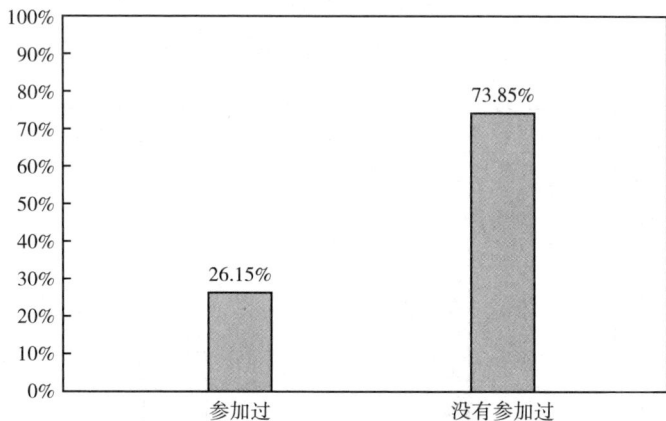

图4.22　第26题学生作答情况

第 27 题"您在学习外语时，保持着严谨治学、努力刻苦的学习态度吗?"学生作答情况如图4.23。70.38%的学生在学习外语时，保持着严谨治学、努力刻苦的学习态度，29.62%的学生在学习外语时没有保持严谨治学、努力刻苦的学习态度。为此，高校外语教师应积极、主动关心学生课上课下的外语学习状态和心理状态，及时与学生进行有效沟通，督促学生在学习外语时保持严谨治学、努力刻苦、持之以恒的学习态度。

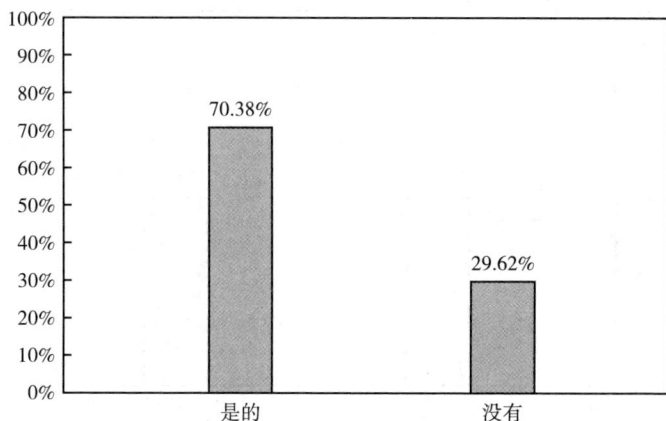

图4.23　第27题学生作答情况

第28题"您在学习外语时，有明确的长期学习目标和短期学习目标吗?"学生作答情况如图4.24。65.00%的学生在学习外语时，有明确的长期学习目标和短期学习目标，35.00%的学生没有。为此，高校外语教师应及时了解学生外语学习的实际情况，帮助学生确定明确的长期学习目标和短期学习目标，并及时督促学生努力完成预定目标。在帮助学生确定短期目标时，高校外语教师应建议学生按照外语听、说、读、写、译的内容来确定。

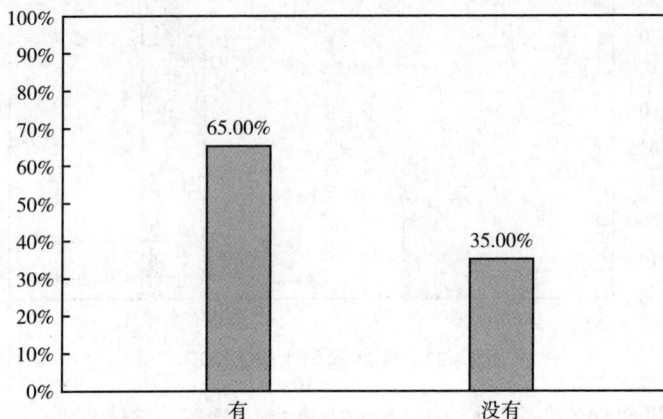

图4.24　第28题学生作答情况

第29题"您在外语学习过程中具有创新意识吗?"学生作答情况如图4.25。50.00%的学生在外语学习过程中具有创新意识，50.00%的学生在外语学习过程中不具有创新意识。为此，高校外语教师在教学过程中，应将培养学生的创新意识贯穿教学全过程，让学生用新的方法学习外语，用新的角度

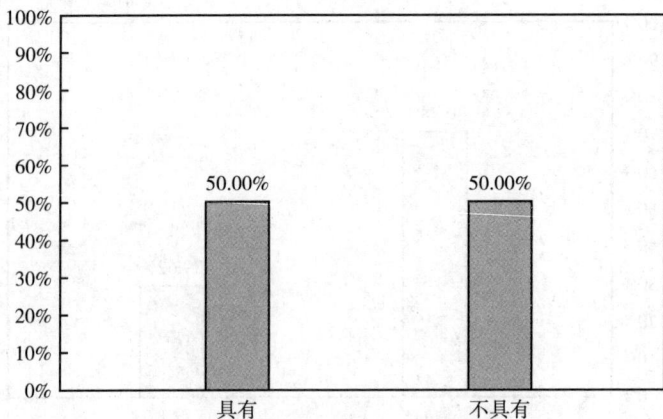

图4.25　第29题学生作答情况

解读外语阅读材料。

第30题"在共建'一带一路'高质量发展时期,您认为高校学生在外语方面还应该具备哪些综合能力?"学生的答案如下:创新能力,具备外语口语表达能力,具有包容各国文化的素质并展现出大国风采,自信,自主实践能力,自我学习能力,知识应用能力,交流能力,使用外语沟通的能力,了解双语时事的听、说、读、写、译能力,与时俱进、了解"一带一路"知识,综合运用多种语法能力,创新学习技巧、将学习技能与实际相结合,共享精神,翻译能力,对文化讲述的语言能力,传播中华文化的专业度,多语种流畅转换,演讲能力,写作能力,等等。高校管理部门、外国语学院、外语教研室和外语教师应及时了解学生的学业需求,进一步提高人才培养的质量,使人才培养与"一带一路"倡议下的人才需求相匹配,进一步助力共建"一带一路"高质量发展。

◆◆ 4.3 高校管理部门提升外语教师胜任力的各项措施

符合"一带一路"倡议需求的高校外语教师评价机制能够有效激励外语教师提升胜任力。2020年中共中央、国务院印发的《深化新时代教育评价改革总体方案》中指出:"坚持科学有效,改进结果评价,强化过程评价,探索增值评价,健全综合评价""形成富有时代特征、彰显中国特色、体现世界水平的教育评价体系"。高校应依据时代背景,科学合理地制定外语教师评价机制。外语教师评价主体应坚持多元化和国际化,包括学生、同行教师、高校管理部门、"一带一路"相关企业实践单位人员,以及"一带一路"沿线合作大学的相关教师。高校管理部门应依据共建"一带一路"进展情况,定期对评价主体进行培训,以确保外语教师可获得高质量的评价结果。在外语教师评价指标设置上,应注重外语教师的胜任力提升情况及与"一带一路"建设相关的实际学术、社会贡献、人才支撑培养等。高校管理者应依据"一带一路"倡议下高校外语教师胜任力模型,细化外语教师评价指标。例如,将综合知识的积累、职业技能和职业素养的提升、教研教改研究成果的应用程度、毕业生在"一带一路"相关用人单位的满意度等内容作为评价指标。在评价形式上,应将奖励性评价和发展性评价相结合,必要时追加二次评价。高校管理部门应重视外语教师各类别、各层次的评价结果,并将评价结果广泛应用到职称评聘、绩效考核、评奖评优等工作中。

各高校管理部门在制定外语教师激励政策时，应朝服务于"一带一路"建设的教师倾斜。例如，设立外语教师"一带一路"专项研究资金资助，鼓励外语教师从事与"一带一路"相关的教学和科研工作；定期评选与"一带一路"建设相关的优秀外语课程、优秀外语教案、优秀教学成果奖等，激励外语教师不断提升将"一带一路"建设内容融入高校外语课堂教学的能力；设置相关政策，激励外语教师到丝绸之路大学联盟和"一带一路"高校联盟的国内外大学进一步攻读学位，提升综合胜任力。同时，在设置外语类教师职称评聘条件和绩效考核内容时，应注重"一带一路"建设相关内容。例如，在设置任职资历时，可设置"到'一带一路'相关的国内外企事业单位实践、到丝绸之路大学联盟和'一带一路'高校联盟的国内外大学进行访学"等；在设置科研和教学条件时，可设置"主持或参与同'一带一路'建设相关的外语科研或教研项目"，"在'一带一路'共建国家期刊发表与'一带一路'建设相关的外语科研或教学研究论文"，"在'一带一路'共建国家出版与'一带一路'建设相关的外语科研或教学研究专著"，"编写过融入'一带一路'建设相关的外语课程教材"，"翻译过与'一带一路'建设相关的译著"，"获得过与'一带一路'建设相关的外语各类教学奖项"，"召开过与'一带一路'建设相关的外语教学或科研讲座"，"指导过的学生在与'一带一路'建设相关的各类外语竞赛中获奖"，"发明过与'一带一路'建设相关的外语类方向专利"，等等。

在政策保障方面，高校管理者应及时为外语教师增添现代化的教学设备，并聘请专业人员讲解使用方法；应及时增添学校的图书馆资源，如及时购进非通用语种书刊、专业外语书刊、介绍"一带一路"共建国家最新信息的书刊、中国文化翻译方面的书刊，以及最新的外语教育学和外语教育心理学书刊和计算机类书刊等；应鼓励外语教师参加与"一带一路"相关的学术研讨会，并给予其一定的经费支持；应积极制定相关文件，鼓励外语教师参加与"一带一路"相关的国际会展或文化交流活动，提高外语教师的多语种沟通及翻译技能，增强其服务意识。

高校管理部门应定期组织不同学院、不同专业的教师作"一带一路"相关的学术报告，增进外语教师对与"一带一路"相关的其他专业的了解，增强外语教师与他人积极合作的意识。

参加高质量、高成效、符合"一带一路"建设人才培养所需的培训项目,是外语教师提升胜任力的重要途径。2020年12月24日教育部等六部门发布的《关于加强新时代高校教师队伍建设改革的指导意见》中指出:"高校要健全教师发展体系,完善教师发展培训制度。"在"一带一路"倡议下,中国与共建国家进行文明互鉴,共同致力于提升教育发展水平,越来越多的高层次教育合作交流活动在中国与"一带一路"共建国家之间举办。

新形势下,高校管理部门应为外语教师建立多类别的培训制度。在实施培训项目之前,高校管理部门应充分掌握本校外语教师的情况,对丝绸之路大学联盟和"一带一路"高校联盟的国内外大学、国内外"一带一路"建设相关企业进行详细调研,提升培训内容与"一带一路"倡议下本校外语教师实际所需胜任力的匹配度。培训形式应为短期培训与长期培训相结合。高校管理部门还应重视后期的培训考核和培训成果应用等环节,促使外语教师通过培训大幅度提升胜任力,进而组建面向"一带一路"倡议人才培养所需的高层次、国际化高校外语教师队伍。

◇◆ 4.4 外语学院提升外语教师胜任力的各项措施

外语学院在提升外语教师胜任力方面起着关键性的作用。外语学院应在"一带一路"建设概况及相关政策、教学设计、服务社会意识、教学研究技能等方面采取不同措施,不断提升"一带一路"倡议下高校外语教师的胜任力。

第一,根据"一带一路"倡议下高校外语教师胜任力模型中的胜任力元素(如多语种沟通及翻译技能、专业外语应用技能、课堂教学技能、考核测试技能等),外语学院应建立多元化的教研团队。为了提升外语教师专业外语应用技能和多语种沟通及翻译技能,外语学院管理部门应组织教师成立专业外语和多语种教研团队。教研团队成员应积极研究与"一带一路"建设相关的专业外语术语和多语种教学方法,定期参加与"一带一路"建设相关的国际会议,以此来了解最新的与"一带一路"建设相关的专业外语术语。同时,应组织专业外语和多语种教研团队到其他学院学习,让外语教师积累与"一带一路"相关专业的前沿知识,提升专业外语教学和科研能力,积累跨学科知识。

第二，外语学院管理部门应积极与丝绸之路大学联盟成员（如北京第二外国语学院和北京语言大学等）语言类高校建立合作关系，定期组织多语种教研团队到此类高校学习，提升团队成员的多语种教学与实践应用能力。

第三，为了提升外语教师与培养"一带一路"倡议下具备全球胜任力的国际化复合型卓越人才相匹配的教学技能，外语学院管理部门应成立"一带一路"倡议下课程研究团队。研究团队成员应编撰含有"一带一路"建设相关内容的高校外语教材。编撰的教材里应含有中国文化知识及"一带一路"共建国家的历史、地理、政治、文学、习俗、法律等跨文化知识。此外，高校外语类教材应融入思政元素，并满足"一带一路"倡议下提升培养具备全球胜任力的国际化复合型卓越人才的需求。课程研究团队的成员应共同探讨符合新时代的课堂教学方法和理论与实践相结合的考核测试。外语类课程的考核测试应侧重考核学生的听、说、读、写、译能力和对"一带一路"共建国家跨文化知识的积累程度。

第四，外语学院管理部门应设置"一带一路"倡议下教学研究团队，定期邀请"一带一路"相关企业的一线人员为团队成员作报告，帮助外语教师充分掌握"一带一路"共建国家的概况、最新的"一带一路"政策法规、"五通"的进展情况，以及共建"一带一路"对人才的最新需求情况。在"一带一路"倡议下，教学研究团队成员应设置明确的研究目标，共同探讨研究方法及研究重点内容，应积极与"一带一路"共建国家的高校外语教学研究团队进行深入合作，不断提升教学研究技能。

第五，外语学院应积极建立院企合作平台，选派外语教师到与"一带一路"相关的用人单位进行实践，增强外语教师服务社会的意识。企业采取的实践形式应多样化，可分为短期实践和长期实践。实践结束后，用人单位应对外语教师实践成果进行测评及考核。外语教师应积极分享实践成果，并将实践成果应用于教学。

第六，在共建"一带一路"高质量发展时期，"一带一路"共建国家之间在各领域频繁开展交流活动，外语学院应鼓励教师积极参加与"一带一路"相关的各领域交流活动，如国际会展、国际学术交流等，不断提升外语教师的翻译实践能力、多语种沟通能力。通过参加与"一带一路"相关的各领域交流活动，外语教师可与来自"一带一路"共建国家的民众进行沟通交流，进一步提升理解民众特色语言和内层语言的能力。

第七,"民心相通"是"一带一路"建设的重要内容,因此,"一带一路"共建国家之间应加强文化交流,外语教师应积极传播中国文化、中国智慧和中国方案。外语学院应积极举办中国文化外语教学大赛,以比赛促进外语教师对文化知识的积累,提升外语教师的文化传播能力。在比赛中,外语教师之间可以互相学习,从而提升中国文化外语教学技能。在比赛过程中,教学经验丰富的专家评委应及时给予外语教师相关的建议和指导。此外,外语学院应与本校国际教育学院开展合作,组织一系列"一带一路"共建国家文化交流活动,在交流活动中提升高校外语教师的跨文化理解力。

第八,针对外语教师优势领域不同的情况,外语学院管理部门应指导教师制定个性化发展计划,帮助教师合理地制定职业规划目标,增强其自我成就意识。同时,要引导外语教师将个人职业发展目标与学院发展规划相结合。

第九,外语学院管理部门应为青年外语教师安排导师,帮助青年教师掌握最新的教育学理论和实践知识;支持青年教师到丝绸之路大学联盟和"一带一路"高校联盟的国内外大学进修、访学或攻读学位,提升青年教师的胜任力。导师应全面(如学术科研、教学技能、职业素质等方面)指导青年外语教师。

第十,外语学院管理部门应及时更新资料室书刊,增添最新的外语教育学和外语教育心理学相关的图书,订阅国际学术期刊,提升外语教师的学科知识储备和教学研究能力。外语学院应定期督促外语教师做阅读笔记和读书心得,并将阅读成果应用于教学实践。

第十一,外语学院应定期邀请专家到学院举办讲座,为外语教师讲授论文创作技能和计算机外语教学技能。在邀请专家之前,外语学院应对外语教师进行充分调研,发现外语教师在论文创作和计算机外语教学等方面存在的问题。在讲座之前,外语学院应将外语教师所存在的问题递交给专家,让专家有针对性地讲解。此外,外语学院应鼓励外语教师举办面向校内外的学术讲座,增强外语教师的社会意识和服务意识,做一名优秀的外语知识的传授者、文化的传播者、"一带一路"建设的促进者等。

第十二,外语学院管理部门应定期组织外语教师参加各类别的研讨会,并鼓励其在研讨会上发言,增加外语教师对学科前沿知识的积累。参加研讨会后,外语教师应在学院范围内作成果报告分享。

第十三，外语学院应定期举办外语教师教学基本功大赛。大赛的测评内容为外语教师的教学设计技能，如教学材料的选择、教学内容的合理安排、教学目标的设定、教学模式的创新等；"一带一路"建设相关内容和思政元素融入课堂教学技能；教案设计技能；等等。在比赛过程中，评委要及时给予外语教师教学指导。此外，外语学院管理部门应时常督促外语教师观摩获奖教师的外语课。

第十四，外语学院应积极组织外语教师进行各级别研究课题的申报，提高外语教师的教学研究能力。在申报课题过程中，外语学院的专家要在课题研究的可行性、技术路线、研究角度、研究重点、研究的创新性、研究方法等方面给予外语教师必要的指导。需要强调的是，外语教师的课题研究内容应与"一带一路"倡议下的外语教育相关。

第十五，外语学院应定期宣传优秀外语模范教学名师的先进事迹，培养外语教师热爱学生、热爱集体、热爱教育事业的职业道德精神。此外，外语学院应积极鼓励外语教师点对点地帮扶学习困难的学生，不仅要给予学生学科知识方面的指导，而且要在学生的大学学习规划、实习就业等方面给予关怀和帮助。

第十六，外语学院管理者应定期与外语教师谈心谈话，及时了解其工作情况、心理健康状况，提升其心理素质和抗压能力。对于遇到困难的外语教师，外语学院管理者应给予深切关怀和帮助。

◆ 4.5 外语教研室提升外语教师胜任力的各项措施

外语教研室在提升"一带一路"倡议下高校外语教师胜任力方面起着重要的作用。外语教研室管理者应在外语的听、说、读、写、译，以及翻译理论及实践、各类公文的写作规范、教学设计技能、课前准备技能、课堂教学技能、课后指导技能、考核测试技能等方面，采取多种措施提升"一带一路"倡议下高校外语教师的胜任力。谢职安等在《高校英语教师专业发展研究》中提出"充分发挥教研室的基层作用，通过说课商讨、集体备课、示范课、观摩课、录像课等多种活动形式，集思广益，促使教师共同进步"。[25]

第一，外语教师的专业基础知识需要在理论与实践相结合中不断提升，即使外语教师具备扎实的专业基础知识，但仍然要努力学习最新的专业基础知识。因此，外语教研室管理者应定期组织外语教师一起学习最新的外语听、说、读、写、译的理论和实践知识，以及最新的课堂讲授方法、各类外语文章的写作规范；应定期组织外语教师进行集体备课，提升外语教师的教学设计技能、课前准备技能。在备课过程中，外语教师应共同讨论"一带一路"倡议下教学目标的设定、教学过程的设计。例如，已讲课程内容的回顾和新课程内容的导入，整节课程环节的设计，重点教学内容的讲授，教学时间的分配，在不同教学内容下教学模式（如项目教学模式、外语思维导图教学模式、角色扮演教学模式等）的选择，词汇讲解的方法，如何启发学生主动思考，在高校外语课堂中融入"一带一路"共建国家历史、地理、文学、法律知识等跨文化知识的方式，通过外语课堂培养学生批判性思维的方式，外语课文中思政元素的发掘，高质量PPT课件的制作方法，高质量、个性化教案的设计，如何科学地制定符合学生外语学习心理规律的教学日历，辅助外语课堂教学的计算机软件和程序（如在线授课软件、外语听力授课程序软件、翻译和写作在线程序）的选用，等等。

第二，外语教研室应定期组织本教研室的外语教师观摩校内优秀外语教师和校外"一带一路"建设相关地区高校优秀外语教师的课程（包括线下课程和线上课程），并建议本教研室的外语教师做好观摩听课笔记，从而不断提升课堂教学技能。

第三，外语教研室管理者应定期到本教研室教师的课堂上去听课。听课时，外语教研室管理者应对教师的外语语音语调、授课语言的流畅度、授课导入方式和效果、提升学生创造性和为学生讲授解决现实外语问题的技能、教学模式的创新性、教学重难点的讲授方法、学生学习外语积极性的调动、布置课后作业的合理性、将"一带一路"建设相关内容和思政元素融入课堂教学的方式和效果等方面做好详细记录。同时，外语教研室管理者应为本教研室教师录制教学视频，并在课下帮助其分析教学视频，认真做好教学反思工作。

第四，外语教研室管理者应定期在本教研室召开研讨会。教研室的外语教师应共同探讨"一带一路"倡议下的人才培养方案，以及如何充分利用课外时间高效率地指导学生，如使用线下和线上相结合的方式。

第五，外语教研室管理者应定期组织本教研室外语教师申报各类别与"一带一路"建设相关的外语教学研究项目。教研室的外语教师应定期共同探讨外语教学研究内容、外语教学研究方法、外语教学研究的创新性、外语教学研究的重难点，不断提升教学研究技能，强化积极合作的职业素质和创新意识。外语教研室的教师共同申报项目时，研究分工应明确具体，并定期汇报与"一带一路"建设内容相关的外语教学研究成果。在项目研究过程中，教师应严谨治学，努力追求创新性成果。外语教研室管理者可以定期组织教师将研究内容和研究成果以论文或著作的形式呈现。

第六，外语教研室管理者应定期探讨如何将"一带一路"共建国家的历史、地理、文学等跨文化知识和思政元素融入外语教学全过程，实现外语课程的双功能。

第七，外语教研室管理者应积极带领教研室的教师同"一带一路"建设相关地区的国内外高校外语教研室共同建立虚拟教研室，探讨"一带一路"倡议下的人才培养方案，开展外语教学研究。在虚拟教研室定期开展线上或线下外语教学研究活动，探讨符合"一带一路"倡议下人才培养需求的教学模式和教学方法，进一步提升外语教师的教学技能。在活动过程中，外语教师应积极与"一带一路"共建国家的外语教师沟通交流，不断提升理解"一带一路"共建国家的民众特色语言的能力和非通用语种沟通技能。

◆◇ 4.6　外语教师提升胜任力的各项途径

外语教师应在外语知识、教育学知识、专业技能、教学技能、职业道德、职业动机等方面着手提升胜任力。

第一，外语教师应经常学习最新的外语听、说、读、写、译的理论和实践知识，不断提升外语听、说、读、写、译的能力；应经常阅读最新的外语翻译书刊，积极参加外语翻译研讨会，从而掌握最新的外语翻译理论知识；应经常阅读报刊和在线学习程序软件里的新闻内容，主动了解国内和国际的各方面发展情况，及时了解"一带一路"建设概况及相关政策，以及"一带一路"倡议下社会发展对人才的新需求；应经常阅读有关中国文化方面的图书，并且经常学习有关中国文化的翻译技巧。

第二，随着共建"一带一路"的高质量发展，"一带一路"共建国家之间举办了越来越多的文化交流活动。外语教师应经常参加"一带一路"共建国家之间的文化交流活动，积极学习"一带一路"共建国家的历史、地理、文学、民俗等跨文化知识。同时，在文化交流活动中，外语教师应积极传播中华优秀传统文化。

第三，在与"一带一路"共建国家的人民进行文化交流过程中，外语教师应多积累"一带一路"共建国家的民众特色语言，掌握"一带一路"共建国家民众的语言习惯。此外，外语教师应积极参与外语类高校的线上和线下非通用语种课程，积极学习非通用语种知识，积极向外语类高校非通用语种教师学习非通用语种授课技巧。

第四，外语教师应与其他学科教师积极合作，掌握与"一带一路"建设相关的专业（如材料、机械、化工、贸易、法律等）知识，增加专业外语知识的积累，掌握最新的专业外语知识词汇。此外，外语教师应采用阅读书刊、听报告讲座、参加文化交流活动、到"一带一路"共建国家和地区的高校访学等方式，了解"一带一路"共建国家的历史、文化、法律等跨文化知识，提升跨文化理解力，掌握好将"一带一路"建设相关内容融入课堂教学的技能。

第五，外语教师应经常阅读与"一带一路"建设相关的各类外语公文，如政策文件、项目合同文件、法律文件、贸易文件等，掌握与"一带一路"建设相关的各类外语公文写作规范及写作技巧。

第六，外语教师应经常收听有关外语教育学和外语教育心理学的讲座，阅读最新的外语教育学和外语教育心理学相关书刊，积累最新的外语教育学和外语教育心理学知识，掌握符合"一带一路"倡议下人才培养需求的教学理念和教学模式，将最新的外语教育学和外语教育心理学知识应用于教学实践。

第七，外语教师应定期参加各类别的信息化技术教学培训，掌握最新的信息化教学技术和外语教学应用软件（如听力播放程序软件等）操作，将信息化教学技术应用于教学全过程。此外，外语教师应积极到"一带一路"建设相关的国内外企业实践，不断增强服务社会的意识。在企业实践过程中，外语教师应积极参与企业各部门的工作，进一步提升多语种沟通与翻译技能，以及专业外语应用技能，及时掌握"一带一路"倡议下社会发展对人才的新需求。

第八，外语教师应积极进行外语教学研究，探索"一带一路"倡议下的人才培养模式和外语教学方式。首先，在教学研究过程中，外语教师应积极寻求合作，如与多领域专业教师进行合作、与"一带一路"建设相关地区的国内外高校外语教师进行合作、与"一带一路"建设相关的国内外企业人员进行合作、与共建"一带一路"相关地区的国内外学生进行合作等。其次，外语教师应定期参加外语教学研究相关讲座，掌握最新的外语教学研究方法，了解"一带一路"倡议下外语教学的研究现状和重点研究领域，进一步提升教学研究技能，同时积极申报各类别外语科研和教研项目。在项目研究过程中，外语教师应保持严谨治学的科研精神，经常阅读国际期刊，及时将研究成果撰写成科研论文，从而不断提升论文创作技能。最后，外语教师应定期收听"一带一路"建设相关地区的高校优秀外语教师的线下或线上课程，做好课堂听课笔记，掌握最新的教学模式和教学理念。同时，外语教师应定期到"一带一路"建设相关地区的高校进行访学，积极参与各项教学活动，如课堂听课、项目研究、参加外语思政研讨会、促进文化教育交流等，不断提升课堂教学技能及将思政内容融入外语课堂的技能。

第九，外语教师应积极参加各类别教学大赛（如外语教师基本功大赛、中国文化翻译教学大赛、外语思政教学大赛等），积极向其他参赛选手学习，认真做好参赛总结，不断提升教学设计技能。

第十，外语教师应主动关心学生的各方面情况，热爱学生，及时发现学生在外语学习过程中存在的问题并给予建议和指导。外语教师应积极与学生进行沟通，了解不同学生对外语知识的需求情况，不断提升课前准备技能；应定期在线下或线上给予学生多样化的课后辅导，辅导内容包括外语基础知识、跨文化知识、学生外语学习目标规划、企业实践指导等；应积极辅导学生参加外语类竞赛，进一步提升课后指导技能。

第十一，外语教师应具备创新意识和前瞻意识，在教学中追求创新；应始终以面向未来国家需求为外语教学目标，培养具备全球胜任力的国际化复合型卓越人才；保持积极、乐观、健康的心态，具备较强的抗压能力及心理调节能力；应高度热爱教育事业，将学校的发展目标与个人的职业发展规划相融合，分阶段规划好职业生涯短期目标和长期目标，全面提升胜任力。

◆〉 本章小结

由本章调研可知，"一带一路"倡议下高校外语教师具有较好的胜任力，如能够用外语熟练地讲解和翻译中华优秀传统文化知识、具备较好的教学设计技能等；但同时发现一些问题，如部分外语教师与"一带一路"倡议相关的口译和笔译实践经验不足、掌握"一带一路"共建国家非通用语种的外语教师人数比例较低等。本章调研了"一带一路"倡议下学生的外语综合能力，了解了学生目前学习外语的态度、参加社会实践和实习、多语种的掌握、对"一带一路"倡议相关内容的了解、跨文化知识的掌握、专业外语知识的掌握等方面的情况。

　　本章从高校管理部门、外语学院、外语教研室、外语教师四个方面探索出提升"一带一路"倡议下高校外语教师胜任力的有效策略：高校管理部门应科学合理地制定外语教师评价机制；外语学院应组建多元化教研团队、积极建立院企合作平台；外语教研室管理者应定期组织教师进行集体备课、定期在本教研室召开研讨会、积极带领教研室的教师同"一带一路"建设相关地区的国内外高校外语教研室共同建立虚拟教研室；外语教师应积极参与外语类高校的线上和线下非通用语种课程，积极参加各类别的教学大赛。

第5章 研究结论与展望

◆◇ 5.1 研究结论

具备全球胜任力的国际化复合型卓越人才是共建"一带一路"高质量发展时期急需的人才。在政策沟通领域，需要熟悉"一带一路"共建国家国情、通晓国际关系的人才；在设施联通领域，需要熟悉专业技术并且掌握"一带一路"共建国家语言的人才；在贸易畅通领域，需要了解贸易流程并且熟悉"一带一路"共建国家语言的人才；在资金融通领域，需要了解"一带一路"共建国家的经济情况的复合型金融人才；在民心相通领域，需要了解"一带一路"共建国家的文化、教育、艺术等方面的具备全球胜任力的卓越人才。

具备全球胜任力的国际化复合型卓越人才需要具备的素质有：掌握"一带一路"倡议相关政策和情况；精通本专业知识和相关技能；熟知中国文化，具备强烈的家国情怀，在对外交流合作中能够弘扬中华优秀传统文化；熟悉国际规则和国际标准，以及"一带一路"共建国家的概况等综合知识；具备良好的领导、组织、协调能力；精通外语的听、说、读、写、译，具备使用外文规范地书写国际合作项目公文协议的能力和国际项目管理能力，掌握两门及以上外语；具备创新能力、预判能力和强大的心理素质；具备高度的责任感和服务社会的使命感；等等。

在"一带一路"倡议下，高校外语教师应具备"通用语种+非通用语种"复语知识、专业外语知识、"一带一路"共建国家的跨文化知识、中国文化知识、外语教育学及外语教育心理学知识、外语教研和科研知识、计算机软件操作知识等。

在"一带一路"倡议下，高校外语教师应具备多语种应用技能及专业外语应用技能、团队合作的技能、实现外语教学的智育和德育双功能的技能、

"一带一路"建设相关内容的教学设计技能、信息网络技术应用技能、教学研究技能等。

在"一带一路"倡议下，高校外语教师的社会角色是专业外语知识的传授者、中国文化和"一带一路"共建国家文化的传播者、对接"一带一路"倡议需求的人才培养研究者、具有正确价值观和家国情怀的卓越人才的指导者、外语课程德育功能的实现者、"一带一路"建设的促进者等。在职业道德方面，外语教师应热爱学生、热爱集体、热爱教育事业，严谨治学，与时俱进。

高校外语教师应具备高度服务于"一带一路"建设的意识、自我成就意识、创新意识、前瞻意识、健康的心理状态和抗压能力、组织能力、脚踏实地的精神品质、批判性思维等职业素质。

在"一带一路"倡议下，高校外语教师胜任力模型包括 3 个一级指标（综合知识、职业技能、职业素质），9 个二级指标（外语知识、通识性知识、教育学知识、专业技能、教学技能、社会角色、职业道德、职业动机、个人特质）和 41 个三级指标（如翻译理论及实践、通用语种+非通用语种、专业外语知识、"一带一路"概况及相关政策、中国文化知识、计算机教学知识、多语种沟通及翻译技能、教学设计技能、考核测试技能、教学研究技能、自我成就意识、创新意识、健康的心理状态、极强的求知欲和领导力等）。

在"一带一路"倡议下，外语教师在综合知识、职业技能、职业素养方面具有较好的胜任力。例如，精通本专业外语，能够使用外语知识进行高质量的教学和沟通交流；大多数外语教师都能够主动了解"一带一路"建设的最新的情况和政策文件；大多数外语教师都有较好的中华优秀传统文化知识储备，能够将中华优秀传统文化有机融合到课堂教学；外语教师都有较强的教学设计技能；大多数外语教师具备很强的教研和科研能力；外语教师都能够做到热爱教育事业、热爱学生，严谨治学，积极投入外语教育事业，高质量地完成教学任务；等等。

但同时发现，"一带一路"倡议下高校外语教师在综合知识、职业技能、职业素养方面存在一些问题。例如，很多外语教师缺乏与"一带一路"建设相关的翻译实践知识；掌握"一带一路"共建国家非通用语种的高校外语教师人数所占比例较低；部分外语教师对计算机应用软件知识掌握得不充分；部分外语教师的"一带一路"共建国家多语种沟通及翻译技能、将"一带一路"建设相关内容融入教学过程的技能须进一步提升；部分外语教师在个人职业发展方面缺少规划；等等。

提升"一带一路"倡议下高校外语教师胜任力，高校管理部门应做好以下工作：科学合理地制定外语教师评价机制；在制定外语教师激励政策时，朝服务于"一带一路"建设方向倾斜；为外语教师建立多类别的培训制度；等等。

提升"一带一路"倡议下高校外语教师胜任力，外语学院应做好以下工作：组建多元化教研团队；积极与语言类高校建立合作关系；积极建立院企合作平台；鼓励教师积极参与同"一带一路"建设相关的各领域交流活动；积极举办与中国文化相关的外语教学大赛；定期邀请专家到学院进行讲座；定期组织外语教师参加各类别的研讨会；定期宣传优秀外语模范教学名师的先进事迹；定期与外语教师进行谈心谈话活动；等等。

提升"一带一路"倡议下高校外语教师胜任力，外语教研室应做好以下工作：定期组织教师进行集体备课；定期组织本教研室的外语教师观摩线下和线上外语课；定期到本教研室教师的课堂上去听课；定期在本教研室召开研讨会；定期组织教研室外语教师申报各类别与"一带一路"建设相关的外语教学研究项目；定期组织教师将研究内容和研究成果以论文或著作的形式予以呈现；积极带领教研室的教师同"一带一路"建设相关地区的国内外高校外语教研室共同建立虚拟教研室；等等。

提升"一带一路"倡议下高校外语教师胜任力，外语教师应做好以下工作：经常阅读最新的外语翻译类书刊；积极参加外语翻译研讨会；主动了解"一带一路"概况及相关政策，以及共建"一带一路"高质量发展对人才的新需求；经常参加"一带一路"共建国家之间的文化交流活动；经常阅读与"一带一路"建设相关的各类外语公文；定期参加各类别的信息化技术教学培训；积极到与"一带一路"建设相关的国内外企业实践；定期到"一带一路"建设相关地区的高校进行访学；积极参加各类别教学大赛；积极辅导学生参加外语类竞赛；等等。

◆〉5.2 研究展望

本书是以麦克利兰的冰山模型和理查德·博亚特兹的洋葱模型为理论基

础展开研究的。在今后的研究过程中，可以融合其他的胜任力模型进行深入研究。在调研共建"一带一路"高质量发展对人才的新需求时，本研究主要调研了与"一带一路"建设相关的中国企业和中国高校，在今后的进一步研究过程中，可以调研与"一带一路"建设相关的国外企业和国外高校。

　　本书探索出的"一带一路"倡议下高校外语教师胜任力模型由 3 个一级指标、9 个二级指标、41 个三级指标构成。随着共建"一带一路"高质量发展，社会对人才的需求不断变化，因此，在今后的进一步研究过程中，需要对"一带一路"倡议下高校外语教师胜任力模型进行完善和修正，探索出更多的胜任力二级指标和三级指标。

　　本书探索出应从高校管理部门、外语学院、外语教研室、外语教师四个方面提升"一带一路"倡议下高校外语教师胜任力，在今后的进一步研究过程中，可以从其他多方面探索提升"一带一路"倡议下高校外语教师胜任力的有效策略。

参考文献

[1] 谢希瑶，闫依琳.我国已与147个国家、32个国际组织签署200多份共建"一带一路"合作文件 [EB/OL]. (2022-01-19)[2023-04-19]. https://www.gov.cn/xinwen/2022-01/19/content_5669215.htm.

[2] 推进"一带一路"建设工作领导小组办公室.共建"一带一路"倡议：进展、贡献与展望 [EB/OL]. (2019-04-22)[2023-04-21]. https://www.gov.cn/xinwen/2019-04/22/content_5385144.htm.

[3] 中华人民共和国海关总署.中蒙（古国）签署国际贸易"单一窗口"合作框架协议 [EB/OL]. (2022-11-30)[2023-04-21]. https://www.yidaiyilu.gov.cn/p/293650.html.

[4] 中华人民共和国国家发展和改革委员会.中国与阿尔及利亚签署重点领域三年（2022—2024）合作计划 [EB/OL]. (2022-12-08)[2023-04-21]. https://www.ndrc.gov.cn/fggz/202212/t20221208_1343423.html.

[5] 郭明芳.中国、塞浦路斯签署卫生和医学科学合作计划 [EB/OL]. (2023-02-08)[2023-04-21]. https://www.yidaiyilu.gov.cn/p/306049.html.

[6] 王明亮.三周岁！这座中国援建的大桥，深刻改变当地生活 [EB/OL]. (2021-08-31)[2023-04-25]. https://www.yidaiyilu.gov.cn/p/185472.html.

[7] 谢希瑶，潘洁.我国与"一带一路"沿线国家货物贸易额十年年均增长8% [EB/OL]. (2023-03-03)[2023-04-26]. https://www.yidaiyilu.gov.cn/p/309732.html.

[8] 李一博."一带一路"十周年：10个故事见证蓝图变实景 [EB/OL]. (2023-03-10)[2023-04-26]. https://www.yidaiyilu.gov.cn/p/310475.html.

[9] 学习贯彻习近平新时代中国特色社会主义经济思想做好"十四五"规划编制和发展改革工作系列丛书编写组.推动共建"一带一路"高质量发展 [M].北京：中国计划出版社，2020.

[10] 潘洁.亚投行"朋友圈"何以越来越大? [EB/OL]. (2023-01-18) [2023-04-26]. https://baijiahao.baidu.com/s? id=1755323292684660739 &wfr=spider&for=pc.

[11] ITianjin.你听说过鲁班工坊吗? [EB/OL]. (2021-10-21) [2023-04-27]. https://www.sohu.com/a/496466727_121124006.

[12] 新华社.中共中央、国务院印发《中国教育现代化2035》[EB/OL]. (2019-02-23) [2023-04-28]. https://www.gov.cn/zhengce/2019-02/23/content_5367987.htm.

[13] 教育部.教育部关于印发《推进共建"一带一路"教育行动》的通知 [EB/OL]. (2016-07-13) [2023-04-28]. https://www.gov.cn/gongbao/content/2017/content_5181096.htm.

[14] 李德方.做一个胜任的校长:高职院校校长胜任力研究 [M].北京:知识产权出版社,2015.

[15] 罗媛媛.高校辅导员胜任力对职业成功的影响研究 [M].北京:经济科学出版社,2019:17.

[16] 梁韵妍.创新创业教育背景下"双师型"教师胜任力模型研究与构建 [M].北京:航空工业出版社,2019.

[17] 何齐宗,等.中小学教师教学胜任力实证研究 [M].北京:中国社会科学出版社,2020:36,101.

[18] 黄艳.中国"80后"大学教师胜任力评价研究 [M].北京:中国社会科学出版社,2013:42.

[19] 李臻.新时代高校教师胜任力研究:新时代高校教师师德师能"双提升"发展机制研究 [M].北京:旅游教育出版社,2020:188.

[20] 张宪梓."中马皮影文化营"活动成功举办 环县皮影首次线上开展国际文化交流 [EB/OL]. (2022-10-08) [2023-05-08]. https://www.yidaiyilu.gov.cn/p/282685.html.

[21] 周海翔.沈阳理工大学2023年"汉语桥"俄罗斯大中学生中国文化体验夏令营:莫斯科548学校团组成功举办结营仪式 [EB/OL]. (2023-08-01) [2023-08-11]. https://www.sylu.edu.cn/info/1004/24111.htm.

[22] 经济合作与发展组织,亚洲协会.为全球胜任力而教:在快速变革的世界培养全球胜任力 [M].胡敏,郝福合,译.北京:北京师范大学出版社,2019:9-10.

[23] 刘扬. 2020 中国国际食品餐饮博览会在长沙开幕 [EB/OL]. (2020-09-19)[2023-08-13]. https://new.qq.com/rain/a/20200919A053A000.

[24] 赵辉. 高校辅导员胜任力研究 [M]. 北京：北京交通大学出版社，2020：80.

[25] 谢职安，等. 高校英语教师专业发展研究 [M]. 北京：知识产权出版社，2014：17.